Entrenamiento del sueño para niños pequeños

La guía definitiva para conseguir que sus hijos se queden dormidos rápidamente y duerman toda la noche

© Copyright 2021

Todos los derechos reservados. Ninguna parte de este libro puede ser reproducida de ninguna forma sin el permiso escrito del autor. Los revisores pueden citar breves pasajes en las reseñas.

Descargo de responsabilidad: Ninguna parte de esta publicación puede ser reproducida o transmitida de ninguna forma o por ningún medio, mecánico o electrónico, incluyendo fotocopias o grabaciones, o por ningún sistema de almacenamiento y recuperación de información, o transmitida por correo electrónico sin permiso escrito del editor.

Si bien se ha hecho todo lo posible por verificar la información proporcionada en esta publicación, ni el autor ni el editor asumen responsabilidad alguna por los errores, omisiones o interpretaciones contrarias al tema aquí tratado.

Este libro es solo para fines de entretenimiento. Las opiniones expresadas son únicamente las del autor y no deben tomarse como instrucciones u órdenes de expertos. El lector es responsable de sus propias acciones.

La adhesión a todas las leyes y regulaciones aplicables, incluyendo las leyes internacionales, federales, estatales y locales que rigen la concesión de licencias profesionales, las prácticas comerciales, la publicidad y todos los demás aspectos de la realización de negocios en los EE. UU., Canadá, Reino Unido o cualquier otra jurisdicción es responsabilidad exclusiva del comprador o del lector.

Ni el autor ni el editor asumen responsabilidad alguna en nombre del comprador o lector de estos materiales. Cualquier desaire percibido de cualquier individuo u organización es puramente involuntario.

Índice

INTRODUCCIÓN 1
CAPÍTULO 1: EL NIÑO QUE NO DUERME: ¿UN MOTIVO DE PREOCUPACIÓN? 3
REGRESIÓN DEL SUEÑO Y QUÉ ESPERAR CUANDO OCURRE 4
SEÑALES DE QUE SU HIJO TIENE FALTA DE SUEÑO. 7
¿CUÁNDO HAY QUE BUSCAR CONSEJO MÉDICO? 8
CAPÍTULO 2: ENTENDIENDO EL SUEÑO DE LOS NIÑOS PEQUEÑOS 11
¿CUÁNTAS HORAS DE SUEÑO NECESITA SU BEBÉ/NIÑO PEQUEÑO/NIÑO? ... 12
ETAPAS DEL SUEÑO 15
FACTORES QUE INTERRUMPEN EL SUEÑO DE UN NIÑO PEQUEÑO 18
OTROS EFECTOS POTENCIALES 23
CAPÍTULO 3: ASOCIACIONES DE SUEÑO 25
ASOCIACIONES NEGATIVAS DEL SUEÑO 26
DEFINICIÓN DE LAS ASOCIACIONES POSITIVAS DEL SUEÑO Y CÓMO INTRODUCIRLAS. 32
CAPÍTULO 4: LA ALIMENTACIÓN NOCTURNA 35
¿CUÁNDO HAY QUE DEJAR LA ALIMENTACIÓN NOCTURNA? 36
CONSEJOS PRÁCTICOS PARA DEJAR DE ALIMENTAR A SU BEBÉ POR LA NOCHE. 38

¿ES NECESARIO DESTETAR A SU HIJO DE LA LACTANCIA NOCTURNA? 43

CAPÍTULO 5: EL COLECHO: ¿FOMENTAR O PROHIBIR? 44

LOS BENEFICIOS PROBADOS DEL COLECHO 46

LO QUE HAY QUE HACER Y LO QUE NO HAY QUE HACER PARA UN COLECHO SEGURO 49

CAPÍTULO 6: MANEJO DE LOS MIEDOS NOCTURNOS 56

ETAPAS DEL SUEÑO Y SU RELACIÓN CON LOS MIEDOS NOCTURNOS 58

CAUSAS DE LOS MIEDOS NOCTURNOS 59

¿CÓMO LIDIAR CON LOS MIEDOS NOCTURNOS EN LOS NIÑOS PEQUEÑOS? 60

¿CUÁNDO DEBE PONERSE EN CONTACTO CON UN MÉDICO? 64

CAPÍTULO 7: PESADILLAS Y ENURESIS 67

¿CÓMO AFECTAN LAS PESADILLAS A LOS NIÑOS PEQUEÑOS? 67

¿EN QUÉ SE DIFERENCIAN LAS PESADILLAS DE LOS TERRORES NOCTURNOS? 68

CAUSAS COMUNES DE LAS PESADILLAS EN LOS NIÑOS PEQUEÑOS 70

¿CÓMO TRATAR LAS PESADILLAS DE LOS NIÑOS PEQUEÑOS? 71

¿CÓMO EVITAR LA ENURESIS? 76

CAPÍTULO 8: SONAMBULISMO Y HABLAR DORMIDO 78

¿QUÉ DEBE SABER SOBRE EL SONAMBULISMO EN LOS NIÑOS? 79

¿CÓMO LIDIAR CON EL SONAMBULISMO EN NIÑOS PEQUEÑOS Y BEBÉS? 81

¿CUÁNDO SE DEBE BUSCAR AYUDA MÉDICA? 84

¿QUÉ DEBE SABER SOBRE EL SONAMBULISMO? 87

¿QUÉ PUEDE HACER CON RESPECTO AL TRASTORNO DEL HABLA DURANTE EL SUEÑO? 88

CAPÍTULO 9: ESTABLECER UN HORARIO DE SUEÑO 90

¿CUÁNDO DEBE EMPEZAR A ESTABLECER UN HORARIO DE SUEÑO? 91

¿CUÁL ES EL HORARIO DE SUEÑO IDEAL PARA LOS NIÑOS PEQUEÑOS? 91

CONSEJOS EFICACES PARA ESTABLECER UN HORARIO DE SUEÑO PARA LOS NIÑOS PEQUEÑOS 92

ERRORES QUE DEBE EVITAR AL ESTABLECER UN HORARIO DE SUEÑO PARA SU HIJO PEQUEÑO 97

CAPÍTULO 10: EL NIÑO QUE CRECE: CÓMO AFRONTAR LOS CAMBIOS 101

AJUSTES EN LAS DISTINTAS RUTINAS Y HÁBITOS DE SUEÑO 102

RUTINAS PARA NIÑOS DE UNO A DOS AÑOS 103

LA TRANSICIÓN HACIA UNA CAMA NUEVA Y GRANDE 105

CÓMO AFRONTAR LOS CAMBIOS REPENTINOS EN EL HORARIO DE SUEÑO DE UN NIÑO EN EDAD PREESCOLAR 109

CONCLUSIÓN 112

VEA MÁS LIBROS ESCRITOS POR MERYL KAUFMAN 113

Introducción

¿Tiene un niño pequeño cuyos hábitos de sueño le agotan? Si ha respondido "sí" a esta pregunta, sepa que no está solo. Muchos padres han experimentado el mismo problema y son conscientes de lo agotador y desafiante que puede ser. De hecho, es una de las experiencias más desafiantes que la mayoría de los padres tienen que manejar, ya sean padres primerizos o no.

Puede que sus amigos y familiares hayan intentado consolarle diciéndole que esta experiencia pasará. Sin embargo, ¿cuándo ocurrirá eso exactamente? Incluso si su hijo dormía bien cuando todavía era un bebé, la primera infancia puede ser un reto, ya que lo más probable es que se encuentre en una etapa en la que su energía está al máximo. Dicho esto, cabe esperar que dormir será lo último que querrá hacer cuando llegue la hora de acostarse.

Afortunadamente, hay formas de entrenar a su hijo pequeño para que duerma, y este libro le servirá de guía para ayudarle a aplicar esos métodos. Este libro para entrenar a su hijo para dormir es diferente a otros que haya leído. Contiene consejos y técnicas útiles a las que su hijo probablemente responderá positivamente en el futuro.

La mayoría de los consejos para entrenar el sueño que aprenderá son actuales, por lo que seguramente funcionarán en estos tiempos modernos. Son fáciles de seguir y comprender, por lo que podrá empezar a utilizarlos inmediatamente para entrenar a su(s) hijo(s) a tener sueños felices durante la noche. Este libro también utiliza consejos específicamente diseñados para niños pequeños y bebés, por lo que puede esperar respuestas positivas rápidamente.

Capítulo 1: El niño que no duerme: ¿Un motivo de preocupación?

Un escenario familiar entre los padres, ya sean primerizos o no, es tener una experiencia de crianza sin problemas una vez que sus bebés superan sus dificultades para dormir y se adaptan a mejores hábitos nocturnos. El problema es que luego acaban siendo perseguidos por otro desafío que afecta al sueño de su bebé al llegar a la primera infancia.

¿Tiene usted el mismo problema? Si es así, podría deberse a la regresión del sueño, que suele producirse cuando los bebés tienen dos años, pero a veces incluso a los dieciocho meses. Su experiencia puede ser buena en general antes de esa etapa. Si bien es cierto que todavía puede haber experimentado momentos en los que su hijo no dormía bien—a causa de la dentición o de un problema médico— sus hábitos de sueño seguían siendo buenos la mayoría de las noches.

Ahora que su hijo ha llegado a la edad en la que suele producirse la regresión del sueño, las cosas se vuelven más complicadas y difíciles para usted. Es probable que esté agotado de atender sus necesidades cada vez que decida que no quiere dormir.

Aparte del cansancio y de sus posibles efectos sobre su estado de ánimo y su salud en general, muchos padres se preocupan por la salud y el bienestar de su hijo pequeño. Es posible que le preocupe si su incapacidad para dormir les pasará factura en su bienestar. Entonces, ¿qué ocurre realmente si su hijo no puede dormirse? ¿Debe ser motivo de preocupación su regresión de sueño? ¿Es el momento de visitar a su pediatra o a otros especialistas médicos? Es hora de averiguarlo.

Regresión del sueño y qué esperar cuando ocurre

La regresión del sueño es una situación que se produce cuando su bebé o niño pequeño, que ha tenido buenos patrones de sueño en el pasado, comienza a despertarse a menudo por la noche (en los peores casos, se despierta cada veinte minutos) o muestra comportamientos que pueden tener un impacto negativo en su sueño. Por ejemplo, hace siestas más cortas de lo habitual o se las salta por completo sin una razón clara. Esta regresión puede producirse durante un periodo concreto, de tres a seis semanas en la mayoría de los casos.

Si ya está acostumbrado a dormir a su hijo sin dificultad, esta nueva situación puede tomarle desprevenido. Lo más probable es que se sienta frustrado, sin saber qué hacer y cómo puede conseguir que complete el número de horas de sueño que necesita cada día.

Su frustración probablemente aumentará cuando note que su sueño inadecuado afecta a varios aspectos de su crecimiento y desarrollo. La falta de sueño tanto de los padres como del niño también puede hacer que sus tareas de crianza sean más difíciles de cumplir. Además, es posible que note que su hijo presenta rabietas y un comportamiento desafiante y de oposición. ¿Por qué? La respuesta es porque es el resultado natural de la falta de sueño.

Imagínese esos escenarios si no los ha experimentado todavía, y lo más probable es que se estremezca ante la idea de tener que lidiar con esos problemas en cualquier momento. El comportamiento desafiante de su hijo puede sumarse a la fatiga y el agotamiento que usted ya siente. El problema más grave es que ambos elementos—su nueva falta de sueño y su rebeldía— pueden empezar a influirse mutuamente.

Notará que empieza a rechazar sus peticiones, a negarse a tomar siestas, o a gritar y llorar incesantemente cada vez que se interrumpe su sueño por la noche. La falta de sueño provocada por la regresión del sueño de su hijo también puede hacer que se ponga más irritable y que acabe teniendo rabietas. Tenga en cuenta que todos los síntomas se revelarán y usted lo notará.

Estos son solo algunos de los escenarios comunes que pueden ocurrir cuando su hijo pequeño no puede dormir lo suficiente. Una manera de combatir esos casos indeseados es aprender tanto como usted pueda sobre la regresión del sueño. Lo mejor sería familiarizarse con las etapas específicas en la vida de su hijo en las que es más probable que esto ocurra.

Sabiendo cuándo esperarla, puede prepararse y establecer técnicas que les ayuden a ambos a manejar la situación. Además, tenga en cuenta que cada bebé o niño pequeño es diferente. Esto significa que los síntomas de regresión del sueño de su hijo pueden diferir de los comportamientos de los demás.

Sin embargo, en la mayoría de los casos, los bebés o niños pequeños sufren una regresión del sueño durante las siguientes edades:

- **Cuatro meses:** la regresión del sueño a los cuatro meses es una de las etapas más difíciles en la vida de los padres. La mayoría de los padres temen esta etapa específica, ya que suele ser la primera vez que se interrumpen los patrones de sueño de su hijo.

Si su bebé sufre una regresión del sueño a esta edad, recuerde que existen razones lógicas para ello. Las razones más comunes por las que su bebé empieza a mostrar problemas de sueño son el hambre causada por un estirón, el dolor provocado por la dentición y la diversión y emoción que puede sentir al aprender a darse la vuelta.

- **Seis meses:** la regresión del sueño también puede producirse durante el sexto mes del bebé. Se debe principalmente al estirón que probablemente experimente durante este periodo, pero tenga en cuenta que también es el momento en que los bebés ya son capaces de dormir toda la noche.

La mayoría de ellos solo se despiertan para recibir mimos. En este sentido, lo mejor es que pruebe una determinada técnica para entrenarles a dormir bien durante esta etapa, de modo que tenga menos posibilidades de enfrentarse a los efectos negativos de la regresión del sueño en el futuro. Los pequeños ajustes marcan la diferencia, así que pruebe diferentes técnicas para que su bebé se sienta seguro.

- **Ocho meses:** Esta etapa puede prolongarse hasta que su hijo tenga hasta diez meses de edad. Tenga en cuenta que este es el período específico en el que su bebé comenzará a gatear. Alrededor de los diez meses, también puede empezar a ponerse de pie por sí mismo. Estas nuevas habilidades pueden alterar sus patrones de sueño. También es normal que los bebés sufran ansiedad por la separación durante esta etapa. Esto puede hacer que se despierte por la noche, ya que buscará su protección.

- **Doce meses:** La regresión del sueño durante esta edad puede estar provocada por las nuevas habilidades que su bebé ha empezado a adquirir. Puede ser algo tan sencillo como aprender a ponerse de pie o dar sus primeros pasos. Estos grandes hitos pueden alterar sus patrones de sueño habituales, haciendo que no puedan dormir durante toda la noche.

Además, muchos niños pequeños sufren una regresión del sueño al llegar a los dieciocho o veinticuatro meses de edad debido a ciertos factores como los terrores nocturnos, las pesadillas, la ansiedad por la separación, la dentición y el miedo a la oscuridad.

Además de familiarizarse con las edades o etapas específicas en las que suele producirse la regresión del sueño, también es aconsejable determinar los signos específicos que indican la falta de sueño. Esto no es solo para su hijo pequeño, sino también para lo que usted, como su cuidador, pueda experimentar. De este modo, podrá actuar inmediatamente si muestra algunos signos graves de privación del sueño que deban ser motivo de preocupación.

Señales de que su hijo tiene falta de sueño

Entonces, ¿cómo puede saber si su hijo pequeño ya está privado de sueño y comienza a mostrar síntomas de problemas de salud y otros comportamientos no deseados? Estas son las señales habituales a las que debe prestar atención:

- Aferramiento y rabietas constantes
- Tendencia a rechazar bebidas y alimentos
- Llanto más frecuente de lo habitual
- Pérdidas de control en lugares públicos, como en las tiendas de comestibles
- Problemas de concentración
- Dificultad para despertarse por las mañanas
- Tendencia a dormir espontáneamente durante el día o a hacer siestas involuntarias
- Irritabilidad y mal humor
- Tendencia a frustrarse con facilidad

- Llorar y enfadarse con facilidad

Ciertas fluctuaciones en los patrones de sueño de su hijo son naturales durante sus primeros años. Recuerde que solo porque su hijo duerma toda la noche al llegar a los tres o seis meses no significa necesariamente que vaya a seguir haciéndolo durante todo su crecimiento y desarrollo. Con el tiempo, sus patrones pueden verse alterados, lo que hará que les cueste restablecer un ciclo normal y regular de sueño y vigilia.

¿Cuándo hay que buscar consejo médico?

También debe saber que los síntomas más graves de privación del sueño en los niños pequeños pueden requerir una respuesta más rápida y proactiva, como la visita a su médico. Si bien es cierto que el sueño inadecuado de su hijo pequeño provocado por la regresión del sueño tiende a desaparecer de forma natural después de un tiempo, sigue siendo aconsejable ponerse en contacto con su médico si muestra síntomas más alarmantes.

No dude también en visitar a un médico si tiene alguna duda sobre el sueño de su bebé o quiere discutir las causas definidas de sus problemas de sueño, como pesadillas persistentes. Aparte de eso, lo siguiente justifica una visita o consulta al médico:

- **Cuando su hijo tiene dificultades para respirar**: Puede producir ruidos al respirar, dejar de respirar durante un rato cuando está dormido o roncar. Estos signos suelen indicar apnea del sueño. Hay que tener en cuenta que los bebés menores de seis meses suelen tener una respiración irregular.

Además, lo más probable es que hagan pausas entre respiraciones de entre cinco y diez segundos. Sin embargo, si su hijo pequeño tiende a respirar o roncar con fuerza, se despierta ahogado y con arcadas, o hace pausas en la respiración durante al menos veinte segundos, no dude en consultar a su médico, ya que podría tratarse de apnea del sueño, que requiere tratamiento inmediato.

- **Cuando observe que su hijo pequeño muestra comportamientos nocturnos inusuales:** Por ejemplo, un número inesperadamente elevado de despertares nocturnos o temores que solo se manifiestan por la noche. También será necesario el consejo del pediatra o del médico de su hijo si sus problemas de sueño empiezan a afectar a su comportamiento diurno.

- **Cuando muestran signos de reflujo gastroesofágico:** Uno de estos signos es escupir o vomitar con frecuencia cantidades importantes de la leche consumida. También puede ser que tiendan a despertarse gritando debido al dolor. Esta afección suele producirse cuando la válvula que conecta el esófago y el estómago no funciona correctamente.

Cuando la válvula no funciona correctamente, puede hacer que el contenido de los ácidos del estómago del niño vuelva a subir al esófago y a la boca. Puede tratarse de una enfermedad grave que requiere tratamiento médico, por lo que debe estar atento a los síntomas de su hijo.

- **Cuando parece que no puede dormir a causa de una enfermedad:** Si su incapacidad para dormir está causada por el dolor o la fiebre debido a una enfermedad o condición subyacente, como una infección de oído, la dentición o el malestar estomacal, ponerse en contacto con su médico puede ser la opción más viable para usted y sin duda le ayudará a sentirse más seguro.

Solo tiene que asegurarse de conocer bien los signos o síntomas específicos de la enfermedad que justifican una llamada al pediatra. Los signos más graves son la fiebre de más de 38 grados centígrados (si el niño tiene al menos seis meses), el dolor de oídos, la inflamación de los ganglios y las secreciones nasales con sangre.

También puede considerar la posibilidad de visitar al pediatra de su bebé si ya ha aplicado una técnica específica de entrenamiento del sueño durante más de dos semanas sin ver ninguna mejora en su sueño. Si lo hace de forma constante solo para notar que su bebé sigue perturbado durante el sueño sin ninguna razón aparente, su médico o pediatra podría proporcionarle información o consejos para mejorar el sueño de su hijo.

Además, recuerde que, aunque la regresión y la privación del sueño verdaderas no son la parte más divertida de la crianza y existe la posibilidad de que ciertos signos y síntomas requieran la ayuda de un médico, siguen siendo normales en la mayoría de los casos. Si su hijo no muestra signos de una enfermedad importante que le impida dormir, no se preocupe demasiado. Lo más probable es que esta etapa pase. Solo tiene que darle el tiempo necesario.

Por otra parte, no se olvide de seguir manteniendo las rutinas normales de sueño y de descanso. Asegúrese de que estas rutinas sean tranquilizadoras para su pequeño. Pronto se acostumbrará a dormir profundamente.

Capítulo 2: Entendiendo el sueño de los niños pequeños

Un aspecto vital del desarrollo de su hijo es dormir lo suficiente y de forma adecuada, por lo que tiene que asegurarse de entenderlo completamente. Algo que debe tener en cuenta en este ámbito es que, mientras que los bebés tienden a dormir mucho, los niños pequeños suelen mostrar esa extraña capacidad de resistirse a ello, especialmente en los momentos en que lo necesitan.

Como padre, su objetivo debería ser descifrar el código de privación del sueño de su hijo pequeño. De este modo, podrá ayudarle a conseguir su tan necesario descanso reparador. Si no modifica sus hábitos de sueño no deseados, corre el riesgo de que el niño se prive de la cantidad específica de descanso y sueño que necesita.

Esto podría provocar que desarrolle problemas de comportamiento y de aprendizaje, depresión e inestabilidad emocional. Un sueño inadecuado también puede hacerle propenso a ser obeso o a sufrir de otros problemas de salud.

¿Cuántas horas de sueño necesita su bebé/niño pequeño/niño?

Lo primero que debe averiguar es el número concreto de horas de sueño que necesita su bebé o niño pequeño cada día, y eso dependerá de su edad. Aquí tienes una estimación aproximada de sus necesidades de sueño, así como información sobre los patrones y hábitos de sueño de los bebés y niños pequeños durante determinadas etapas.

0 - 3 meses (recién nacidos)

Los recién nacidos, incluidos los bebés de entre cero y tres meses, suelen dormir las 24 horas del día. En la mayoría de los casos, duermen entre diez y dieciocho horas diarias, aunque sus horarios suelen ser irregulares. Es probable que estén despiertos entre una y tres horas diarias.

El ciclo de sueño-vigilia de los bebés o recién nacidos también suele depender de su necesidad de alimentarse, nutrirse y cambiarse de ropa o pañales. Un punto vital a tener en cuenta es que el total de horas de sueño que necesitan los recién nacidos no tiene por qué ser continuo. Esto significa que el período de su sueño puede durar desde varios minutos hasta horas.

Incluso cuando esté dormido, hay que esperar que el bebé siga siendo activo. Puede mover las piernas y los brazos, chupar, sonreír o, en general, parecer inquieto. Si tiene un recién nacido, tenga en cuenta que puede mostrar su necesidad de dormir de varias maneras. Entre los signos que lo indican están el alboroto, el llanto incesante y el frotamiento constante de los ojos.

Lo mejor es que acueste a su recién nacido cada vez que tenga sueño, en lugar de cuando ya esté dormido. Esta medida aumentará la probabilidad de que se duerma rápidamente y de que se entrene para dormir. También puede fomentar que su bebé duerma menos durante el día, manteniéndolo expuesto al ruido y la luz y aumentando el tiempo de juego.

A continuación, debe convertir su entorno en uno más tenue y silencioso y disminuir su actividad durante la noche. De este modo, le animara a dormir más por la noche. Así, reforzará el ciclo de sueño y vigilia.

4 - 11 meses (bebés)

A esta edad, los bebés necesitan entre nueve y doce horas de sueño nocturno y entre media y dos horas de siesta durante el día, que pueden distribuirse entre una y cuatro sesiones. Además, tenga en cuenta que cuando su bebé llega a los seis meses, no es necesario darle de comer por la noche.

Esto se debe a que ya pueden dormir toda la noche. Sin embargo, solo entre el 70 y el 80 por ciento de los bebés pueden dominar el hábito de dormir toda la noche cuando llegan a los nueve meses. Puede empezar a entrenarse para acostar a su hijo cuando todavía está somnoliento y no completamente dormido.

Esta técnica le convertirá en un auténtico dormilón, lo que le permitirá dormir de forma independiente a la hora de acostarse y volver a dormirse por sí mismo cuando se despierte por la noche. En la medida de lo posible, no permita que se acostumbren al hábito de buscar la ayuda de sus padres cada vez que se acuesten.

Los bebés acostumbrados a utilizar este comportamiento son propensos a convertirse en alarmistas y a llorar incesantemente por la noche, ya que necesitan la ayuda de sus padres cada vez que se interrumpe su sueño. Además, recuerde que los problemas sociales y de desarrollo de su bebé pueden influir en su sueño durante esta etapa.

Observará que los bebés seguros y apegados a sus cuidadores solo muestran problemas mínimos de sueño, pero estos mismos bebés también pueden dudar en abandonar ese tipo de apego para dormir. Por ello, es de esperar que sufran ansiedad por la separación, lo que puede alterar sus patrones de sueño, sobre todo en la segunda mitad del primer año. Otras posibles alteraciones durante esta etapa son el aumento del desarrollo motor y cualquier enfermedad.

1 - 2 años (niños pequeños)

Si su pequeño ya ha llegado a la edad infantil, el número de horas de sueño que necesita diariamente es de entre once y catorce horas. Alrededor de los dieciocho meses, lo más probable es que la frecuencia de sus siestas se reduzca a solo una vez al día, con una duración de entre una y tres horas. Sin embargo, hay que evitar que las siestas se acerquen a la hora de acostarse, ya que esto podría impedirles dormir a tiempo por la noche.

Además, los niños pequeños están en una edad en la que son más propensos a mostrar muchos problemas de sueño, como una resistencia extrema a irse a la cama y frecuentes despertares nocturnos. También es habitual que tengan pesadillas y miedos nocturnos. Hay varios factores que pueden causar estos problemas.

Entre ellos está el fuerte impulso de ser más independientes y aumentar las habilidades sociales, cognitivas y motoras. Todo esto tiende a interferir con sus patrones normales de sueño.

Además, factores como la ansiedad por la separación, el deseo de independencia y el desarrollo de su imaginación también pueden provocar problemas de sueño. Para determinar si su hijo ya está experimentando estos problemas, observe si empieza a mostrar problemas de comportamiento y somnolencia diurna.

3 - 5 años (preescolares)

Los niños en edad preescolar, de entre tres y cinco años, necesitan dormir entre once y trece horas cada noche. También suelen hacer siestas cortas, de entre treinta minutos y una o dos horas. Al igual que los niños pequeños, a los preescolares también les cuesta dormirse por la noche. También les puede costar despertarse por la mañana.

El hecho de que su imaginación ya esté más desarrollada también puede hacer que tengan pesadillas y miedos nocturnos. En la etapa preescolar es también cuando los terrores del sueño y el sonambulismo suelen estar en su punto álgido.

6 - 13 años (niños en edad escolar)

Cuando su hijo llega a la edad escolar, entre los seis y los trece años, el número de horas que necesita dormir diariamente se reduce a entre nueve y once horas. También es cuando más distracciones pueden afectar a su sueño. Entre ellas están ciertos programas de televisión e Internet, los medios de comunicación y los ordenadores. Estas cosas pueden causar no solo dificultades para dormir, sino también pesadillas.

Además, ver programas de televisión cerca de la hora de acostarse también puede provocar resistencia al sueño, menos horas de sueño y ansiedad a la hora de dormir. Por otra parte, hay cosas a las que su hijo debe dar prioridad cuando llega a la edad escolar. Entre ellas se encuentran las actividades escolares y sociales, los deportes y otras actividades recreativas que ocupan una gran parte de su tiempo. Estas exigencias también pueden afectar a su sueño.

Etapas del sueño

Al igual que los adultos, los niños pequeños también tienen diferentes etapas de sueño. Usted tiene que aprender sobre estas etapas si desea ocuparse de cualquier dificultad relacionada con el sueño que su hijo pueda estar experimentando. Sin embargo, antes de conocer dichas etapas, es importante recordar que el sueño es vital, ya que es la principal actividad del cerebro durante el desarrollo temprano de su hijo.

El ciclo sueño-vigilia, o lo que se denomina el ritmo circadiano, se produce con la oscuridad y la luz que lo regulan. Además, este ritmo tarda en desarrollarse completamente, por lo que los recién nacidos no tienen un horario de sueño regular. Es de esperar que este ritmo comience a desarrollarse alrededor de las seis semanas.

Al llegar a los tres o seis meses, los bebés empezarán a mostrar un ciclo de sueño y vigilia más regular. A los dos años, muchos niños pequeños ya han pasado un mayor número de horas dormidos que despiertos. Esto es necesario, ya que el sueño es vital para su desarrollo físico y mental.

Sin embargo, como ya hemos mencionado, algunos factores del desarrollo de su hijo podrían estar dificultando su capacidad para dormir y seguir los ritmos circadianos normales. Una forma de manejar esto es ser consciente de las cosas específicas que ocurren durante el sueño de su hijo, en particular en las etapas de sueño.

- **Etapa 1:** A menudo caracterizada por la somnolencia, es la primera etapa del sueño por la que pasa su bebé. En ella, empieza a dormirse, pero no profundamente.
- **Etapa 2:** Esta etapa, también llamada sueño activo o REM (movimiento ocular rápido), se caracteriza por el movimiento de los brazos o las piernas de su bebé. También puede notar que sus ojos se mueven por debajo de los párpados cerrados. Se considera la etapa activa porque su bebé tiende a participar en todo el proceso. Su cerebro aún está activo, por lo que el sueño también se produce en esta etapa.

En esta etapa también puede producirse una respiración irregular del bebé. Incluso tiende a detenerse durante unos cinco o diez segundos, lo que puede deberse a una condición denominada respiración periódica normal de la infancia. Tenga en cuenta que estas pausas no harán que cambie el color de la piel de su bebé. Después de la pausa, espere que la respiración rápida se reanude.

Normalmente se producen entre 50 y 60 respiraciones por minuto durante unos diez o quince segundos. Después, su patrón de respiración regular regresa hasta que se repite todo el ciclo. La mayoría de los bebés suelen superar este ciclo de respiración periódica al llegar a los seis meses aproximadamente.

- **Etapa 3:** Tras el sueño activo o REM, llega la tercera etapa, caracterizada por el sueño ligero. Aquí, observará que su bebé muestra patrones y ritmos de respiración más regulares. Su sueño también será menos activo.

- **Etapa 4:** El sueño profundo no REM es la siguiente etapa del ciclo de sueño de su bebé. También se denomina sueño tranquilo. Aquí, su hijo está en un sueño mucho más profundo, así que espere que los movimientos activos, como las sacudidas, cesen. Observará que su bebé se adentra progresivamente en un sueño más profundo. Una vez que se encuentre en esta etapa, será más difícil despertarlo.

Es crucial llegar a esta etapa, ya que es el aspecto más vital del sueño. Es el momento en que el cuerpo de su hijo realiza sus funciones más importantes. Esta profundidad de sueño que experimenta su hijo provoca: un mayor suministro de sangre a sus músculos, un importante restablecimiento de su energía y la estimulación del crecimiento y la reparación de los tejidos.

Es entonces cuando su cuerpo libera las hormonas vitales necesarias para un correcto crecimiento y desarrollo saludables.

En la mayoría de los casos, los bebés suelen dedicar la mitad de su tiempo a cada etapa o estado. El ciclo de sueño también suele completarse en unos 50 minutos. Al llegar a los seis meses, el treinta por ciento del sueño del bebé consiste en la etapa REM. Durante su edad preescolar, espere que el ciclo de sueño completo tenga lugar cada 90 minutos.

También hay que tener en cuenta que el ciclo de sueño no progresa necesariamente siguiendo las etapas mencionadas en secuencia. Se puede esperar que el sueño comience en la primera etapa y progrese hacia la segunda y tercera etapa. Sin embargo, después de la tercera etapa, existe una gran posibilidad de que su hijo vuelva a la segunda etapa antes de llegar al sueño REM.

Una vez completado el sueño REM, el cuerpo volverá a la segunda etapa. Es posible que el sueño de su hijo pase por las cuatro etapas unas cuatro o cinco veces durante toda la noche. Otra cosa que hay que tener en cuenta es que, aunque mucha gente piensa que el sueño es un proceso pasivo e inactivo, se ha descubierto que el cerebro humano permanece activo durante sus distintas etapas.

Es la razón por la que el cuerpo sigue funcionando, incluso cuando uno está dormido. Por ello, el sueño contribuye en gran medida a realizar una amplia gama de procesos, como la limpieza del cerebro y la consolidación de los recuerdos.

Factores que interrumpen el sueño de un niño pequeño

Este libro ha tocado ligeramente las posibles interrupciones del sueño de un niño pequeño cuando se trata del número requerido de horas de sueño según la edad. Para entender mejor estas interrupciones y actuar en consecuencia, se clasifican de la siguiente manera:

Cambios de sueño/desplazamientos

Alrededor de los tres a los seis meses, muchos bebés pueden necesitar hacer muchos ajustes en sus patrones de sueño. Este cambio o desplazamiento del sueño suele caracterizarse por la necesidad de estar más despierto durante el día y dormir más tiempo por la noche. También es el momento en que el ciclo de sueño del niño empieza a parecerse al de un adulto, alternando entre el sueño ligero y el profundo.

El problema es que, si su hijo entra en esta etapa, corre el riesgo de no poder manejar el cambio, provocando interrupciones en su ciclo normal. Puede ocurrir siempre que pasen de una etapa de sueño a otra. Este cambio puede provocar que se despierten y sean incapaces de volver a dormirse.

Tenga en cuenta que esta situación también se da en niños mayores y en adultos. Ellos también tienden a despertarse por la noche por estos motivos; sin embargo, ya saben cómo volver a dormirse enseguida. Como los niños pequeños y los bebés aún no dominan esta habilidad, pueden perder preciosas horas de sueño.

Ciertos avances o hitos

Las interrupciones del sueño en los niños pequeños también suelen producirse en forma de avances e hitos. Tenga en cuenta que muchos padres informan con frecuencia de la falta de sueño y de la regresión de los niños al aprender nuevas habilidades, como gatear, darse la vuelta y ponerse de pie. En este caso, es posible que su hijo se sienta abrumado por la nueva habilidad que ha aprendido.

Puede ocupar demasiado su mente, aumentando su deseo de practicar y perfeccionar la habilidad siempre, incluso a la hora de dormir. Además, si acaba de adquirir la habilidad de ponerse de pie por sí solo, es muy posible que lo haga todo el tiempo en su cuna. Puede que su hijo se ponga de pie cuando se despierte en mitad de la noche y que le cueste volver a dormirse porque no puede volver a acostarse.

Cambios ambientales

Otra categoría que puede interrumpir el sueño de su hijo es un cambio de entorno. Tenga en cuenta que incluso los cambios menores en el entorno pueden tener un gran impacto en su sueño. Aunque hayan dormido bien en el pasado, un cambio repentino en el clima, por ejemplo, puede afectar significativamente la temperatura de la habitación.

Esto puede provocar incomodidad por la noche, haciendo que su hijo no pueda dormir. Otra posible razón es una nueva iluminación exterior que penetra en su habitación. Si esto es todavía nuevo para él, puede que le quite el sueño.

Ansiedad por la separación

El sueño de su hijo también puede verse interrumpido por la ansiedad de la separación. Entre los seis y los doce meses, el bebé puede empezar a entender cuando está lejos de usted. Si ninguno de los padres está en su habitación, puede generarle ansiedad. El punto álgido de este problema suele producirse entre los diez y los dieciocho meses, aunque desaparece cuando llegan a los dos años.

Sin embargo, notará que su hijo se despierta más de lo habitual por la noche debido a esta ansiedad por la separación. Puede acabar llorando, buscándole a usted o intentando salir de su cuna. También es posible que su hijo tenga un fuerte deseo de dormir a su lado. Aunque la ansiedad por la separación es muy difícil, recuerde que es normal. Forma parte de su desarrollo emocional, así que no debe preocuparse demasiado.

Cambios repentinos en las rutinas

Si cambia repentinamente las rutinas, esto puede afectar negativamente a los patrones normales de sueño de su hijo. Puede ocurrir cuando viajan juntos, haciendo que se desvele hasta tarde, algo a lo que no está acostumbrado. También puede ocurrir cuando enferma repentinamente, lo que hace que se acostumbre a que uno de los dos padres lo vigile todas las noches.

Puede que se habitúe a la sensación de ser calmado o mecido para dormir debido a la enfermedad, por lo que puede querer que usted haga lo mismo incluso después de haberse recuperado. Tenga en cuenta que cada vez que las rutinas habituales cambian, sus patrones de sueño pueden desequilibrarse temporalmente.

Posibles efectos de la falta de sueño en los niños pequeños

Aparte de aprender sobre las etapas del sueño y el número de horas que su hijo necesita dormir dependiendo de su edad, también es crucial reunir toda la información posible sobre los efectos de la falta de sueño en los niños pequeños. De este modo, tendrá una idea de lo que realmente ocurre si su hijo tiene falta de sueño o no duerme toda la noche.

Al conocer estos posibles efectos, se sentirá más motivado para encontrar formas de corregir sus patrones de sueño y entrenarlo para que sea un gran dormilón.

Poca capacidad cognitiva

Si no hace algo para corregir los problemas de sueño de su hijo, lo más probable es que se vea privado del tan necesario sueño, que es esencial para potenciar sus capacidades cognitivas. Tenga en cuenta que el sueño es la principal nutrición que necesita el cerebro. Representa un papel fundamental en el crecimiento y desarrollo de su función cognitiva.

Un sueño adecuado también es vital para que el cuerpo de su bebé cumpla sus funciones, especialmente durante los primeros meses y años de vida. Los que duermen bien tienen más posibilidades de establecer una arquitectura cerebral más fuerte que los que no lo hacen. El problema es que los que no duermen lo suficiente también pueden perder la oportunidad de desarrollar habilidades cognitivas vitales a medida que crecen.

Además, el sueño contribuye en gran medida a criar niños inteligentes. Los padres deben entrenar a sus hijos para que duerman sin interrupciones si quieren que se conviertan en alumnos de mayor calidad y rapidez. Esto se debe a la importancia del sueño en su función cognitiva.

Con habilidades cognitivas bien desarrolladas, su hijo también puede mostrar mejores habilidades lingüísticas, concentración y capacidad de atención. De este modo, podrá digerir y absorber información nueva con facilidad. Además, un sueño adecuado también es vital para la creatividad. Si no duermen lo suficiente, lo más probable es que su función cognitiva se vea afectada, lo que provocará un menor índice de aprendizaje y desarrollo cognitivo.

Retraso en el crecimiento

También es muy probable que el crecimiento y el desarrollo de su hijo se vean afectados por la falta de sueño. Dormir lo suficiente desempeña un papel importante para que crezcan adecuadamente y a un ritmo correcto. Además, los bebés y los niños tienden a crecer diariamente cuando duermen bien.

Es el momento en que el cerebro libera hormonas de crecimiento en el torrente sanguíneo. Si se les priva del sueño, podría limitarse la producción y la liberación de dichas hormonas del crecimiento, lo que llevaría a un retraso significativo en el crecimiento y el desarrollo de su hijo.

Propensión a la obesidad

Si su hijo no duerme bien por la noche, el desarrollo metabólico de su cuerpo también puede verse drásticamente afectado, haciéndolo propenso a sufrir de sobrepeso. La mayoría de los niños pequeños y los niños privados de la cantidad adecuada de sueño tienden a ganar peso en exceso, aunque a un ritmo más lento. Esto puede conducir a un desequilibrio energético que puede aumentar aún más el riesgo de sobrepeso.

Además, hay que tener en cuenta que es necesario dormir lo suficiente para mantener un equilibrio hormonal saludable. Si su hijo no duerme lo suficiente, puede provocar un desequilibrio hormonal que desencadene una sensación de hambre constante. Si no se controla, corre el riesgo de volverse obeso.

Además, dormir poco y mal puede estar relacionado con el aumento de la secreción de insulina. La insulina desempeña un papel fundamental en el control y la regulación del procesamiento de la glucosa. También contribuye a favorecer el almacenamiento de las grasas. Si el nivel de insulina de su hijo es demasiado alto, lo más probable es que gane peso innecesariamente. Incluso podría hacerle propenso a tener que lidiar con la diabetes. Por lo tanto, dormir poco puede elevar los niveles de insulina de su hijo, aumentando así sus posibilidades de sufrir sobrepeso.

Mala memoria

Si su hijo no duerme lo suficiente, también es posible que sufra de falta de capacidad para retener recuerdos e información. En consecuencia, puede tener dificultades de aprendizaje. Tenga en cuenta que el cerebro desempeña una función vital de recopilación y almacenamiento de los recuerdos creados a lo largo de todo el día dentro de una parte del cerebro que se ocupa de la retención de la memoria y los hábitos. Lo hace para organizar dichos recuerdos, lo que permite recuperarlos en el futuro.

El cerebro humano realiza esta función vital durante la fase REM. Suele ocurrir cuando los niños pequeños y los bebés sueñan. Si su hijo no duerme la cantidad de horas que necesita cada día, hay muchas posibilidades de que esta función vital se bloquee. Esto puede dañar su memoria inmediata.

Otros efectos potenciales

Un niño pequeño también corre el riesgo de presentar los siguientes efectos si no se corrigen de inmediato sus malos hábitos de sueño, incluido el sueño insuficiente:

- Debilitamiento del sistema inmunitario
- Aumento repentino del apetito
- Comportamientos desafiantes

- Comportamientos excesivamente emocionales: Puede ser no tener paciencia o tener muy poca paciencia, sensibilidad extrema, sentimientos que se lastiman fácilmente y rabietas explosivas
- Condiciones médicas que pueden aparecer en el futuro

Una vez más, vale la pena reiterar que los retrocesos en el sueño son normales, pero si nota que su hijo ya muestra efectos secundarios importantes por su incapacidad para cumplir con el sueño requerido, es esencial tomar medidas. Esto es aún más importante si su regresión del sueño supera el nivel esperado a esta edad, en torno a las dos o seis semanas.

Hay que empezar a entrenarlos para que duerman bien. Puede comenzar con los métodos de entrenamiento del sueño que se comentan en los restantes capítulos de este libro. Sin embargo, antes de aplicar cualquier técnica o método, considere la posibilidad de consultar a un médico o pediatra para poder decidir mejor qué método es el adecuado para su hijo pequeño.

Capítulo 3: Asociaciones de sueño

La primera técnica que pueden utilizar los padres para enseñar a los niños a dormir bien es la de las asociaciones del sueño. Si no está familiarizado con ella, tenga en cuenta que se refiere a cualquier cosa que su hijo o niño pequeño asocie con el sueño y con quedarse dormido. Ejemplos comunes de asociaciones de sueño en niños pequeños son sus animales de peluche favoritos, una manta o un chupón.

Las asociaciones de sueño no solo abarcan los objetos, sino también las acciones que usted o su cuidador suelen realizar para que se duerman. Por ejemplo, amamantarles y mecerles para que se duerman, o dejarles dormir junto a usted o a su cuidador. Tenga en cuenta que los niños empiezan a crear estas asociaciones a una edad temprana.

Por ejemplo, si hace que su hijo pequeño se duerma dándole un biberón de leche o meciéndolo para que se duerma, buscará esta misma rutina cada vez que sea la hora de dormir. Sería como reforzarle que no puede dormir si no le alimenta. Este hábito es bueno durante los primeros meses, pero hay que romper esta asociación de sueño a medida que crecen, ya que puede ser poco saludable. Puede favorecer la aparición de caries o convertirse en una fuente de calorías innecesarias y adicionales.

Teniendo esto en cuenta, se puede decir que, si bien hay asociaciones positivas, también hay efectos negativos en un niño pequeño. Por este motivo, entrenar a su hijo para que se adapte y duerma por sí mismo requiere abordar las asociaciones negativas del sueño a las que ya está acostumbrado. Es aconsejable eliminar las asociaciones negativas e introducir las positivas. De esta manera, su niño pequeño puede dominar el arte de calmarse a sí mismo sin buscar esa acción innecesaria con la que tiene que familiarizarse.

Asociaciones negativas del sueño

Las asociaciones negativas del sueño se refieren a aquellas cosas que su hijo no puede recrear por sí mismo. Esto significa que, si dependen completamente de ello para conciliar el sueño, lo más probable es que necesiten de su ayuda todo el tiempo para encontrarlo en caso de que se despierte en medio de la noche.

Aunque estas asociaciones negativas del sueño están bien durante los primeros meses de su bebé, debe empezar a entrenar su sueño en cuanto llegue a los cuatro o seis meses, eliminando poco a poco estas cosas. Si no lo hace, también le perseguirá a largo plazo, ya que son las principales causas de los despertares nocturnos y de su incapacidad para volver a dormir sin ayuda.

Si no se corrige este hábito, lo más probable es que continúe con este patrón de despertares nocturnos, lo que afectará negativamente tanto a los padres y cuidadores como al propio niño. He aquí solo algunas de las asociaciones negativas del sueño más comunes que debería romper poco a poco si quiere entrenar a su hijo pequeño para que duerma bien sin interrupciones:

- **Chupón:** Muchos recién nacidos dependen del chupón para reconfortarse. El problema es que, a veces, los padres tardan demasiado en destetar a sus hijos del uso del chupón. Con el tiempo, el chupón se convertirá en una especie de muleta para el sueño de su hijo.

Si deja que su hijo duerma chupando el chupón y dejando que se caiga naturalmente una vez que caiga en un sueño profundo, lo buscará cada vez que se despierte, lo que dificultará que se vuelva a dormir. No puede esperar que vuelva a dormir cómodamente sin él.

- **Mecerlo para dormir:** Si su hijo está acostumbrado a dormirse solo cuando lo mece, necesitará que lo haga siempre que se despierte. Su hijo le buscará constantemente. Si no elimina este hábito, siempre necesitará de su ayuda para dormir.

- **Alimentación:** Algunos niños pequeños asocian fuertemente la alimentación con el sueño. Ya se ha abordado anteriormente que alimentar a su hijo para que duerma no siempre es una buena idea, especialmente a largo plazo. Debe desechar este hábito a medida que crecen; de lo contrario, acabarán buscando siempre un biberón de leche cada vez que se despierten, para poder volver a dormirse, aunque sea innecesario.

- **Sueño provocado por el movimiento:** Esta asociación de sueño suele ser el resultado de poner a su bebé en el portabebés, el coche o la silla de paseo para que se duerma durante sus primeros meses. Hacer esto no es tan malo si su bebé tiene todavía menos de cuatro meses. A esa edad, dejar que se duerma con el movimiento no tendrá un impacto negativo, pero dejará de ser reconfortante si lo sigue haciendo cuando su bebé tenga más de cuatro meses. Incluso puede hacer que su déficit de sueño se acumule.

- **Colecho:** Si su hijo no puede dormir sin que usted esté en la habitación, a la larga le causará problemas. Además de afectar el sueño de su hijo, la necesidad de estar cerca para que se duerma también le impedirá a usted tener su tan necesario descanso.

Tenga en cuenta que cualquier asociación de sueño que afecte negativamente al sueño de su hijo pequeño, al suyo, y al de los demás miembros de la familia puede considerarse negativa.

Si no se deshace pronto de estas cosas, esas mismas cosas que ayudaron a su hijo a dormir en el pasado le impedirán hacerlo durante la noche en el futuro. Como todavía no han dominado el arte de conciliar el sueño por sí mismos, el problema es que luego se quedarán despiertos a menos que usted les ayude.

Cómo corregir y arreglar las asociaciones negativas del sueño

Una vez que haya identificado las asociaciones negativas del sueño específicas que impiden que su hijo y usted o su cuidador duerman lo que tanto necesitan, debe encontrar la manera de romper estos hábitos. Aunque arreglar estos problemas puede ser un reto, puede solucionarlos aplicando los consejos adecuados. Al resolver sus asociaciones negativas con el sueño, usted y su hijo podrán disfrutar de un descanso completo.

Solo asegúrese de que, antes de empezar a solucionarlo, todos en casa, incluidos los cuidadores, sean conscientes de lo que va a ocurrir. Infórmeles sobre la necesidad de mejorar los hábitos de sueño de su hijo. De este modo, nadie cederá cuando su hijo busque los objetos que necesita para conciliar el sueño.

Además, asegúrese de ser firme a la hora de cambiar la percepción de quién tiene todo el control en casa. No cometa el error de ceder a los persistentes malos comportamientos y rabietas de su hijo, ya que solo puede arruinar su progreso durante el entrenamiento. Es cierto que es muy difícil controlar el comportamiento de los niños pequeños, sobre todo porque todavía no entienden el bien y el mal.

Como padre, usted debe encargarse de establecer y mantener límites y directrices firmes en lo que respecta a las rutinas de sueño y los horarios para acostarse. Únicamente se expondrá al fracaso durante el entrenamiento del sueño si cede y deja que su hijo haga lo que quiera solo por su terquedad y su llanto ruidoso e incesante.

Para ayudarle aún más a la hora de romper con las asociaciones negativas del sueño, haga lo posible por seguir estos consejos:

Cree un plan que pueda aplicar de forma constante

Cree un plan que pueda cumplir fácilmente. Debe ser algo con lo que usted y su hijo se sientan cómodos. De este modo, podrá ser coherente a la hora de ponerlo en práctica. Por ejemplo, puede crear un plan que cultive el hábito de dejar dormir a su hijo a una hora determinada.

Establezca rutinas positivas a la hora de acostarse que le preparen para dormir. Por ejemplo, lavarse los dientes, tomar un baño caliente y atenuar las luces. Estas rutinas le indicarán que ya es casi la hora de dormir. En cuanto su hijo pueda tomar pequeñas decisiones y elecciones relacionadas con el sueño, permítale hacerlo también.

Por ejemplo, puede dejarle elegir la ropa que quiere ponerse para que tenga más control sobre la situación. Darle cierto control puede animarle a estar listos para acostarse a tiempo.

Determine la asociación específica del sueño que usted se prepone romper

La identificación de la asociación negativa específica del sueño que usted se prepone eliminar de los hábitos de su niño debe formar siempre parte del entrenamiento del sueño del niño. Observe que la mejor época para que usted rompa con ella sería cuando su bebé está alrededor de seis a doce meses, pero debe ser muy específico y aprender tanto como usted pueda sobre las asociaciones negativas del sueño.

Se trata de algo que puede afectar negativamente a la capacidad de su bebé para conciliar el sueño. Entre ellas, el chupón, que puede introducirse en la boca por sí mismo, la manta de confort y el ruido blanco. Su objetivo debe ser buscar las asociaciones de sueño clasificadas como disfuncionales.

Entre estas asociaciones de sueño disfuncionales se encuentran el hecho de dormir con el cuidador o los padres, un chupete que el bebé no pueda introducirse en la boca por sí mismo— lo que requiere que se lo vuelva a poner varias veces cada noche—y la alimentación para que se duerma. Estas son las cosas que debe eliminar de los hábitos de su hijo.

Averigüe cómo pretende eliminar esa asociación que le hace dormir

Debe decidir si lo hace de forma gradual o si lo elimina de golpe, es decir, de forma completa e inmediata. Si opta por el enfoque gradual, puede deshacerse poco a poco del objeto que suele utilizar para dormir. Solo tiene que fijar un plazo determinado para eliminarlo por completo. Averigüe qué enfoque—entre el gradual y el inmediato—es el que más probabilidades tiene de que su hijo responda positivamente.

Reducir la ingesta de líquidos

Intente reducir la cantidad de leche o líquido que su hijo toma del biberón si lo asocia con volver a dormirse cada vez que se despierta por la noche. También es muy recomendable alargar el periodo específico entre cada alimentación a lo largo de la noche.

Puede sustituir esta reducción de la ingesta de líquido o leche aportando más calorías a lo largo del día. Sin embargo, evite esperar demasiado: aunque su bebé pueda dormir más de ocho horas cada noche, sin alimentarse o amamantarse, si tiene menos de cuatro meses y pesa menos de dieciséis libras, sigue necesitando alimentarse.

Retire las asociaciones de sueño en todo momento

Lo mejor es que entrene a su hijo para que duerma de forma independiente sin asociaciones de sueño, es decir, sin que usted esté en la habitación o cerca de ella. Solo debe prometerle que lo verá cuando se despierte por la mañana.

Al aplicar este consejo, puede optar por el enfoque modificado o no modificado. El enfoque no modificado impide que los veas en su habitación hasta la mañana. Asegúrese de que su habitación es completamente segura. Elimine todo lo que pueda ponerle en peligro.

Por otro lado, el enfoque modificado implica revisarlos regularmente, pero tiene que hacerlo en un intervalo de tiempo mayor. También tiene que hacerlo sin tener que reintroducir la asociación negativa del sueño a la que están acostumbrados. Sea firme y no ceda, aunque su hijo manifieste rabietas.

Póngalo en la cuna cuando tenga sueño

En lugar de continuar con el hábito de llevarlo a la cama o a la cuna solo si está dormido, hágalo cuando aún esté despierto, pero ya tengan sueño. Este es el enfoque que tiene que aplicar si la asociación de sueño de su hijo consiste en mecerlo o balancearlo para que se duerma. En caso de que llore, puede acudir a su habitación para tranquilizarle mediante el tacto y las palabras. Eso sí, evite cogerlos en brazos. Además, alargue el periodo antes de volver a su habitación cada vez que llore. Hágalo poco a poco, para que también se familiarice gradualmente con la rutina.

Sea un comunicador más efectivo

En caso de que perciba que su hijo se siente mal o llora cuando lo deja solo, asegúrele verbalmente que usted sigue cerca, pero que debe quedarse en su cama para poder dormirse. Si se levantan de la cama, llévelos de vuelta sin discutir, hablar o armar un tremendo alboroto.

Tenga en cuenta que, en la mayoría de los casos, es el tono de su voz lo que oirán en lugar de sus palabras. Dicho esto, no levante la voz ni hable a un ritmo rápido. Mantenga un tono tranquilizador y asegúrese de no mostrar ninguna tensión en su postura o en su rostro.

Esto aumentará sus posibilidades de volver a acostarle con éxito y de salir de la habitación sin que haga un gran alboroto. Puede hacer que se dé cuenta de que, efectivamente, es hora de dormir y de que usted se toma en serio el cumplimiento de ese horario. Sea firme al hacerlo y asegúrese de seguir comunicándose con su hijo de forma eficaz.

Introducir asociaciones de sueño positivas

Recuerde que las asociaciones de sueño no son totalmente negativas. Esto se debe a que algunas pueden producir resultados positivos. Tiene que introducir estas asociaciones positivas del sueño a su hijo para que las aproveche en lugar de las negativas. Conozca estas asociaciones positivas del sueño en la siguiente sección de este capítulo.

Definición de las asociaciones positivas del sueño y cómo introducirlas

Las asociaciones positivas del sueño están entre los elementos más favorables que usted puede utilizar para el entrenamiento exitoso del sueño de su hijo. Como el nombre sugiere, estas cosas son todas positivas, significando que pueden hacer que su niño pequeño se sienta bien sobre el pensamiento de dormir. Aparte de ser favorable para su niño, estas cosas son también buenas para usted.

Estas asociaciones son positivas y ayudarán a guiar a su bebé para que duerma toda la noche de forma independiente. Cuando lo haga, usted o su cuidador también obtendrán su tan necesario descanso. Introducir asociaciones de sueño positivas es crucial si ya está trabajando en la etapa de romper con las asociaciones de sueño negativas, como tener que sostener, alimentar o mecer a su hijo para que se duerma.

Para ayudar a introducir asociaciones de sueño positivas y sustituir las negativas, debe conocer ejemplos de ellas. Entre las asociaciones positivas en las que puede participar su hijo se encuentran las siguientes:

- Frotar, morder o sujetar una manta o un peluche
- Cantar y tararear
- Chuparse los dedos o el pulgar
- Mecerse hacia adelante y hacia atrás por sí solo
- Apoyar los pies en el colchón
- Levantar las piernas para ponerse en posición fetal

Asegúrese de introducir aquellas que su hijo pueda hacer de forma independiente, de modo que pueda entrenarse para conciliar el sueño sin su ayuda o la de su cuidador. También puede introducir asociaciones externas positivas para el sueño.

Estas se refieren a aquellas cosas capaces de crear el escenario o el entorno adecuado para dormir. También se refieren a todas aquellas señales positivas que indican al niño que ya es hora de dormir. Las asociaciones externas para dormir que su hijo puede utilizar son:

- Ruido blanco
- Persianas oscuras
- Una temperatura ambiente de entre 68 y 72 grados
- Un peluche diseñado para reconfortar a los niños y hacer que se calmen

Es aconsejable introducir poco a poco las asociaciones de sueño positivas al tiempo que se empiezan a eliminar las negativas. Por ejemplo, puede introducir la utilización de un saco de dormir para reconfortar al niño si está acostumbrado a que le den de comer para que se duerma. Dele de comer para que se duerma mientras le mete en el saco de dormir.

Meta una pequeña manta entre usted y él mientras le da el biberón. Esto puede hacer que asocie la manta y el saco de dormir con usted y la sensación acogedora que les proporciona con el sueño. Con el tiempo, puede acostarle cuando todavía esté somnoliento y no totalmente dormido.

Además, muy pronto podrá acostarlo despierto y totalmente tranquilo mientras se acurrucan con esta manta y se calientan en su saco de dormir. Puede hacer esto poco a poco hasta que ya no necesite estar cerca para que se duerma.

Puede encontrar otras asociaciones y hábitos de sueño saludables y positivos que puede introducir en su hijo. Solo debe asegurarse de elegir aquellos que sean adecuados para él y para las necesidades de su familia y que cumplan las recomendaciones de un pediatra.

Otra forma de desarrollar asociaciones positivas para el sueño es crear rutinas de sueño y descanso fuera de la habitación. Esto significa que puede seguir acunando, abrazando y alimentando a su hijo, pero fuera de la guardería o de su habitación. Además, debe hacer todas estas cosas cuando su hijo aún está despierto. De este modo, no asociará el hecho de dormir con el hecho de tener que sentarse con usted o con su cuidador en la mecedora antes de meterlo finalmente en la cuna.

Por otra parte, algo que tiene que recordar sobre la introducción de asociaciones positivas para el sueño es que su objetivo es ayudar a su hijo a aprender los fundamentos del autocontrol. De esa manera, puede crear naturalmente asociaciones positivas del sueño y utilizarlas siempre que se despierte por la noche. Esto significa que ya no tendrá que ocuparse de volver a ponerlo a dormir.

Solo tiene que asegurarse de eliminar por completo las asociaciones de sueño negativas para que su hijo pueda crear otras nuevas y positivas por sí mismo. Otra cosa que hay que recordar al usar esta técnica para entrenar a su bebé para dormir es practicar la consistencia. Debe ser consistente mientras lo entrena, para que finalmente pueda dormir toda la noche de forma independiente.

Capítulo 4: La alimentación nocturna

Una de las asociaciones del sueño de las que hemos hablado antes es la de alimentar al bebé para que se duerma a la hora de acostarlo. Sin embargo, tenga en cuenta que algunos bebés y niños pequeños también se acostumbran al hábito de no solo alimentarse a la hora de acostarse, sino también cada vez que se despiertan por la noche quieren experimentar lo mismo, porque lo asocian con irse a dormir.

Esto significa que no pueden volver a dormirse si no se les ofrece un biberón de leche o el pecho. A esto se le llama alimentación nocturna, que se explica más adelante en este capítulo. Una cosa clave que hay que tener en cuenta es que la alimentación nocturna es realmente buena para los bebés. Puede ayudarles a conciliar el sueño o a volver a dormirse rápidamente por la noche, pero dejará de ser una buena idea cuando se hagan mayores.

Además del riesgo de que la interrupción del sueño afecte a ambos, también se corre el riesgo de que ingieran más calorías y se alimenten más de lo necesario. Esto se debe a que hay momentos en los que el bebé busca el biberón o el pecho en mitad de la noche para reconfortarse y no por hambre.

Si piensa que ya ha llegado el momento de destetar a su hijo de la alimentación nocturna, asegúrese de estar realmente preparada para ello. Infórmese sobre cómo puede hacerlo con éxito y tenga en cuenta que habrá resistencia.

¿Cuándo hay que dejar la alimentación nocturna?

Antes de destetar a su hijo de los biberones, asegúrese de que está realmente preparado para ello. Las siguientes son señales de que, efectivamente, ha llegado el momento de dejar de alimentarlo por la noche:

• **Está creciendo bien:** Preste atención al crecimiento y desarrollo de su hijo. Si observa que está creciendo bien, tal vez sea seguro que deje de alimentarlo por la noche. Si nota que su crecimiento aún resulta insuficiente, retrase el destete un poco, ya que seguirá necesitando las calorías adicionales de la alimentación nocturna para crecer.

• **Tiene al menos seis meses:** Otra cosa que debe tener en cuenta es la edad de su hijo. Tenga en cuenta que los bebés alimentados con biberón pueden dejar de tomar pecho por la noche a partir de los seis meses. Si está tomando del pecho, puede tardar más tiempo. Incluso puede que tenga que esperar al menos un año para el destete.

• **Tiende a despertarse de forma irregular:** También puede saber que ha llegado el momento de destetar a su hijo de los biberones nocturnos si tiende a despertarse a distintas horas de la noche. Es una señal de que sus interrupciones del sueño no son realmente provocadas por el hambre, lo que hace innecesaria la alimentación nocturna. También hay casos en los que se despiertan porque quieren consuelo y ayuda para volver a dormirse.

- **Tiene menos apetito durante el día:** Si observa que su hijo come menos durante el día y se despierta por la noche para alimentarse, tal vez sea el momento de empezar el destete. Puede ser que pida que le den de comer por la noche por costumbre.

- **Se han producido cambios en su alimentación:** Algunos bebés a los que se les ha iniciado en la alimentación sólida tienden a dejar de alimentarse por la noche por sí solos. Si su bebé no es uno de ellos, el momento en el que se le introduzcan los alimentos sólidos debería ser también el momento en el que se empiece a retirar gradualmente el biberón nocturno. Debe dejar de alimentarlo por la noche porque ya recibe calorías adicionales de los alimentos sólidos.

Sin embargo, hay algo que debería saber: Aunque presente alguno de los síntomas anteriores, cada bebé es único. Esto significa que cada aventura de destete nocturno es también diferente. Si desea destetarlos y dejar de alimentarlos por la noche, debe recordar que no es una buena idea hacerlo durante una época en la que se produzcan transiciones importantes, como cuando se cambia o se traslada de trabajo.

Tampoco es aconsejable hacer cambios en el hábito de su bebé que afecten significativamente su horario de sueño si está sufriendo alguna enfermedad o está dando un estirón. Además, evite realizar el destete si va a pasar unas vacaciones familiares o durante los días festivos.

Tenga en cuenta que, por muy suave y gradual que sea el método de destete nocturno que elija, tiene que hacerlo en el momento adecuado, uno que no haga que su bebé tenga que enfrentarse a una situación de estrés tras otra. Intente esperar el momento adecuado. Tiene que ser el momento en el que usted y su bebé estén tranquilos y él parezca estar totalmente preparado para este gran cambio.

Consejos prácticos para dejar de alimentar a su bebé por la noche

Si el momento es adecuado y piensa que su hijo pequeño ya puede soportar el destete, debe estar preparada para aplicar aquellos consejos que le resulten efectivos. Además, recuerde constantemente que debe escuchar las necesidades de su bebé. Si un consejo o una técnica concreta no funciona al principio, pase a otra cosa. Pero vuelva a intentarlo en el futuro.

Para que el destete nocturno sea más llevadero, aquí hay algunos trucos que puede aplicar:

• **Diluir la leche:** Este consejo es suave, pero muy eficaz, para que su bebé deje de tomar biberón por la noche. Lo que tiene que hacer es diluir su leche poco a poco utilizando agua. Hágalo durante unas cuantas noches.

Por ejemplo, la primera noche, puede darle un biberón con un 75% de leche y un 25% de agua. Reduzca gradualmente el porcentaje de leche durante los días siguientes hasta que cada biberón sea 100% agua.

En la mayoría de los casos, ofrecerle agua pura durante un par de días puede hacer que se dé cuenta de que no es necesario que le alimente con leche para conciliar el sueño. De este modo, observará que empieza a reponerse y a dominar el hábito de dormir por sí solo.

• **Dirigir su ritmo alimenticio:** Es uno de los primeros pasos que debe dar cuando intenta que su hijo deje de alimentarse por la noche para que duerma más tranquilo. Para ello, asegúrese de que recibe la mayor parte de las calorías que necesita diariamente durante el día.

Por lo tanto, hay que evitar que espere hasta la noche para darse un festín. Para que este consejo funcione, lleve un registro de todo lo que forma parte de su dieta diaria. Una vez que tenga un registro de su dieta diaria, consulte a su médico, sobre todo si aún no está seguro de cómo puede satisfacer las necesidades nutricionales diarias de su hijo.

Además, asegúrese de que no esté extremadamente cansado cada vez que lo acueste por la noche. Si se asegura de que descansa adecuadamente y lo suficiente, podrá aceptar ciertos cambios en su dieta, así como corregir su reloj que marca la hora de comer mucho más fácilmente. También tiene que ser consistente, para que pueda integrar con éxito los nuevos hábitos en su sistema.

• **No hacer nada:** Muchos consideran que este consejo es la técnica más rápida para destetar a los bebés y niños pequeños del biberón. Sin embargo, debe estar totalmente preparado si pretende seguir este método, ya que requiere un fuerte compromiso.

Además, asegúrese de que es lo suficientemente fuerte como para poner en práctica este método, ya que lo más probable es que se encuentre con muchas protestas nocturnas y lágrimas de su hijo. Esto se debe a que esta técnica implica la supresión inmediata y completa de la alimentación nocturna.

Puede que sea necesario que sustituya la alimentación con leche por otras estrategias eficaces para el entrenamiento del sueño, como la retirada gradual y los ciclos controlados. Estas estrategias alternativas pueden ayudar a su hijo a desarrollar la importante habilidad de autocalmarse, permitiéndole volver a dormirse sin el biberón.

Cuando tenga pensado dejar de darle biberón, comprométase firmemente con todo el proceso. No le dé nunca pecho, ni biberón, ni comida. Pero sea precavido a la hora de poner en práctica este enfoque. Si observa que enferma de repente, es mucho mejor dejar de hacerlo durante un tiempo y continuar cuando se recupere.

• **Reduzca gradualmente la cantidad de leche que toma por la noche:** Este consejo puede funcionar tanto si alimenta a su bebé con leche de fórmula como con leche materna. Lo que tiene que hacer para que este consejo funcione es disminuir el volumen que ofrece a su bebé o niño pequeño. Puede tratarse de una menor cantidad de leche en el biberón o de una disminución del tiempo de amamantamiento.

Al utilizar esta técnica, también es muy recomendable realizar otra estrategia de entrenamiento del sueño, para que su hijo capte inmediatamente su mensaje de que la leche ofrecida es la única bebida disponible. Sabiendo esto, también podrá empezar a practicar el arte de tranquilizarse por sí mismo cada vez que necesite volver a dormir.

Además, procure hacer la reducción o el cambio de forma gradual. Si le está dando pecho, prepárese para enfrentarse a muchos más retos, ya que lo más probable es que su bebé responda de forma negativa. Es posible que responda tirando, agarrando y protestando cada vez que le retire del pecho.

Teniendo esto en cuenta, no ponga en marcha este consejo si no tiene una estrategia sólida de entrenamiento del sueño que seguramente funcionará junto con la disminución de la alimentación. Además, debes intentar frenar el hábito de su hijo de dormirse con el biberón o con el pecho.

• **Amamantar más durante el día:** Otra forma de deshabituar al bebé a la alimentación nocturna es aumentar la frecuencia y el volumen de la lactancia o del biberón durante el día. Por ejemplo, puede preferir darle leche cada dos horas aproximadamente en lugar de las tres o cuatro horas habituales.

De este modo, podrá consumir más leche a lo largo del día, lo que probablemente reducirá la probabilidad de que pida leche por la noche o se despierte por la noche solo para alimentarse. Además, asegúrese de que no haya distracciones cuando le dé de comer o le amamante durante el día. De este modo, comenzará a asociar la toma de leche como una actividad diurna en lugar de asumir que debe hacerlo por la noche.

Realice la lactancia o la alimentación en una habitación sin distracciones. La habitación debe estar en penumbra y tener las puertas cerradas. Si tiene otros niños mayores, procure que estén ocupados, para que no le molesten a usted ni al bebé cuando le amamante o alimente. Además, procure amamantar cuando esté acostada.

Tenga en cuenta que los bebés y los niños pequeños tienden a distraerse fácilmente cuando los alimenta durante el día, lo que hace que consuman menos leche de la necesaria. El problema es que esto puede provocar que compensen el consumo insuficiente de leche alimentándose con más frecuencia por la noche. Si lo hacen, deberá tomarse en serio la eliminación de las distracciones durante la alimentación diurna para poder aprovecharla al máximo, en beneficio tanto de su bebé como suyo.

• **Introduzca el vaso pronto:** Si es posible, introduzca a su bebé en el uso del vaso antes de que cumpla uno o dos años. Tenga en cuenta que puede ser más difícil impedir que su hijo se alimente por la noche a medida que crece, ya que hay muchas posibilidades de que se apegue emocionalmente al pecho o al biberón.

Es posible que lo asocien con el sueño, lo que contribuirá a desarrollar el hábito de buscar el pecho o el biberón cada vez que se despierten, si ha decidido emplear una taza, dar el biberón o amamantar a horas programadas. Establezca también un horario para el uso del vaso. Es posible que desee utilizar el vaso durante las horas del día junto con los sólidos.

• **Pruebe con la alimentación nocturna:** Se trata de despertarlos o semi-despertarlos para que tomen una dosis extra por la noche. El objetivo es asegurarse de que su estómago está lo suficientemente lleno, para que tenga menos posibilidades de despertarse y buscar leche en mitad de la noche.

Es recomendable realizar esta ingesta adicional antes de la hora de acostarse, para que esté lo suficientemente lleno como para que ambos estén bien descansados. Otra forma de hacerlo es esperar a que se levante y darle un biberón, siempre que hayan pasado más de cuatro horas desde la última vez que lo alimentó. No le dé otra comida hasta que se levante por la mañana.

Otra cosa que hay que tener en cuenta es que los horarios internos de los bebés y de los niños pequeños—en lo que se refiere a dormir toda la noche—son muy diferentes. Teniendo esto en cuenta, es posible que los padres se sientan más cómodos con la idea de dejar que sus bebés o niños pequeños lleven la iniciativa en cuanto al destete nocturno. Sin embargo, otros padres y niños pequeños tienden a lidiar con una disminución significativa de la calidad de sus vidas a causa de la lactancia y la alimentación nocturna.

Dicho esto, observe su propia situación y la de su bebé. Si observa que la alimentación nocturna o la lactancia no parece funcionar para ambos, empiece a hacer cambios. Integre nuevos hábitos y cambios en sus rutinas habituales sin dejar de tener en cuenta las necesidades de su hijo.

El objetivo principal debe ser maximizar la calidad de sueño de todos. Mantenga un registro de sus progresos para saber si las técnicas de destete nocturno que ha implementado funcionan. Si es así, puede darse una palmadita en la espalda por ese gran logro. Si no parece funcionar, no se rinda, ya que sigue habiendo muchas estrategias disponibles. Solo tiene que averiguar cuál es la que funciona para usted y para su bebé.

¿Es necesario destetar a su hijo de la lactancia nocturna?

Como padre, es posible que le preocupe dejar de alimentar a su hijo por la noche, sobre todo si ya está acostumbrado. Pero si observa que ya está afectando a su supuesto sueño tranquilo y al suyo, o al de su familia, es necesario empezar a destetar a su hijo de este hábito.

A fin de empezar a entrenarlo para que se adapte sin alimentarse, tiene que decidir que es realmente necesario que abandone el hábito. Además, asegúrese de que todas las personas que se ocupan de su cuidado se comprometen a hacer todo lo posible para ayudar a que se adapte y deje de comer por la noche.

No debe ceder a la tentación de darle el biberón solo para que deje de llorar, ya que solo puede provocar confusión. Además, es posible que deba dedicar más tiempo del habitual a destetarle del biberón. Su objetivo es entrenarlo para que duerma sin necesidad de depender demasiado de los biberones o de la alimentación.

Otro punto que hay que recordar es que su decisión de destetar a su hijo garantiza que no obtendrá demasiadas calorías innecesarias de la leche por la noche. Aparte de eso, puede esperar que empiece a comer más durante el día. Esto es bueno si desea entrenarlo para que coma alimentos sólidos más sanos y suministre a su cuerpo toda la nutrición que necesita, corrigiendo los malos hábitos alimenticios.

La buena noticia es que, si se decide a retirar los biberones y la alimentación por la noche, notará una rápida y significativa mejora en la calidad de su sueño. Solo tiene que ser coherente y conseguir que todos se pongan de acuerdo a la hora de poner en práctica el plan, y verá cómo su hijo se adapta rápidamente al nuevo hábito y dormirá a pierna suelta toda la noche.

Capítulo 5: El colecho: ¿Fomentar o prohibir?

El colecho es una modalidad de sueño muy popular entre los padres primerizos, especialmente los que acaban de llegar a casa con su nuevo bebé. Esta modalidad de sueño suele consistir en dormir en la misma zona en la que duerme el bebé. No significa necesariamente dormir en la misma cama.

Siempre que se esté cerca del niño y se esté en la misma habitación, ya se denomina colecho. Se trata más de una proximidad sensorial que de una proximidad física. En otras palabras, duermen juntos si se encuentran en un lugar exacto en el que pueden olerse, tocarse, oírse o verse sin ningún obstáculo.

Se trata de un concepto amplio que abarca varias formas de dormir, entre ellas las siguientes:

• *Compartir la cama:* Consiste en dejar que el bebé duerma con usted o con su pareja todos los días.

• *Cuna lateral:* Consiste en fijar la cuna a un lado de la cama, normalmente en el lado de la madre. Todos los demás lados de la cuna permanecen intactos, exceptuando el que está junto a los padres. Este lado específico se retira o se baja para que el bebé y la madre puedan acceder fácilmente el uno al otro. Si piensa tener esta disposición para dormir, tenga en cuenta que puede utilizar una cuna colecho comercial o una cuna sidecar, que se acopla fácilmente a una cama.

- *Varias camas, pero colocadas en una misma habitación:* Pueden incluir una cuna o un moisés colocados cerca de los padres, normalmente al alcance de un brazo. Esta disposición también puede incluir una cama o un jergón para el niño mayor colocado a los pies de la cama o en el suelo junto a ella.

- *Acoger a su hijo en su cama siempre que sea necesario:* En este caso, usted ya ha reservado un dormitorio para su bebé, pero está dispuesto a acogerlo en su habitación en cualquier momento. Muchas familias lo practican, dejando que sus hijos comiencen sus horas de sueño en sus dormitorios separados, pero permitiéndoles entrar en la habitación de sus padres cuando se despiertan por la noche.

Aunque el colecho es generalmente beneficioso y se practica en muchas culturas de diferentes partes del mundo, tenga en cuenta que también hay una mezcla de opiniones sobre esta práctica, ya que tiene algunos riesgos. Además, hay que tener en cuenta que, mientras que otras culturas perciben el colecho como una solución natural para que los padres puedan descansar lo suficiente mientras establecen un vínculo con sus bebés, otras se centran más en la privacidad y la independencia y no están de acuerdo con esta práctica.

Aun así, muchos padres son plenamente conscientes de las muchas cosas buenas que puede ofrecer el colecho. Es más beneficioso durante los primeros meses de vida del bebé. En cuanto crezca, lo mejor será dejar que haga la transición a dormir en su propio espacio o habitación, ya que el colecho puede dejar de ser tan beneficioso para su hijo cuando crezca. Si no realiza la transición en el momento adecuado, puede acabar teniendo problemas con su calidad de sueño en general.

Los beneficios probados del colecho

Como se ha mencionado anteriormente, el colecho conlleva varios beneficios durante las primeras etapas de la vida del niño. Es por esta razón que esta práctica se fomenta en muchas culturas y familias. A continuación, se enumeran solo algunas de las ventajas que usted y su bebé pueden obtener si deciden dormir juntos:

Promueve un sueño largo y profundo para usted y su bebé

Una de las principales ventajas del colecho es que permite que su bebé duerma más tiempo y más profundamente. Esto se debe principalmente a que su bebé estará más tranquilo cuando sienta que usted se encuentra a su lado. Además, dejar que duerma a su lado también significa que puede responder a sus necesidades de inmediato. Por otro lado, le da a su bebé una sensación de seguridad y protección.

También le permitirá dormir mejor, ya que no tendrá que levantarse, encender las luces y caminar hasta su habitación cuando llore o se despierte de repente. Sea cual sea la causa de que se despierte, puede abordarla de inmediato. Así, ambos pueden volver a dormir fácilmente y sin demasiadas complicaciones.

Favorece el éxito de la lactancia

Al poner a su bebé cerca de usted, tiene más posibilidades de tener éxito como madre lactante. Muchas madres están de acuerdo en que la solución clave para el éxito de la lactancia materna por la noche es el colecho. El colecho y la lactancia van incluso de la mano, ya que los bebés que duermen junto a sus madres tienden a tomar el pecho con más frecuencia que los que duermen de forma independiente o separada.

Además, será menos estresante para usted, ya que no tendrá que levantarse en cualquier momento de la noche y visitar su habitación para amamantarlo. Lo único que debe hacer si duerme con él es ayudarle a que se acople correctamente, para que ambos puedan volver a dormir. Mediante el colecho, puede amamantar sin tener que despertarse del todo. Así, le resultará mucho más fácil disfrutar de un ciclo de sueño completo y descansar lo suficiente.

Además, la posición en la que usted duerme junto a su bebé parece mucho más segura para él que cuando lo rodea de almohadas asfixiantes y mantas dañinas. Solo tiene que asegurarse de crear una rutina nocturna que usted y su bebé puedan seguir para que ambos puedan disfrutar de un sueño reparador y sin interrupciones.

Ofrece una gran experiencia de vinculación

El colecho también parece funcionar bien para muchos padres, sobre todo para aquellos que no pueden dedicar todo su tiempo durante el día a sus bebés debido al trabajo y a otros asuntos personales. Si es una madre trabajadora, corre el riesgo de no dedicar una gran parte de su tiempo a cuidar de su bebé.

En ese caso, el único periodo en el que puede establecer un vínculo y pasar tiempo de calidad con ellos es por la noche, por lo que el colecho es mucho mejor para usted. Si los coloca en otra habitación, se verá privado de la posibilidad de disfrutar de preciosos momentos de unión con ellos. El colecho es mucho mejor en ese caso, ya que reforzará y consolidará la cercanía entre ambos.

Además, podrá acurrucarse y hacer cosas que seguramente le encantarán a su hijo, como cantarle para que se duerma o leerle un cuento antes de dormir. Son solo pequeños rituales y actividades, pero a menudo son suficientes para promover una excelente experiencia de vinculación y hacer que su bebé se sienta seguro y protegido con su contacto.

Aumenta su conciencia

Dormir con él también promueve una mayor conciencia de todos sus movimientos, y usted será más consciente de sus movimientos de forma subconsciente. Esta conciencia es una gran ventaja, ya que se dará cuenta al instante si su bebé muestra movimientos que ya no son normales, como tener fiebre o experimentar pausas en la respiración.

También estará más atento a las necesidades de su bebé. Por ejemplo, sabrá enseguida si tiene que cambiarle el pañal o taparle con una manta. Además, podrá responder inmediatamente a cualquier cosa que le incomode antes de que interrumpa su sueño. El hecho de que esté cerca de usted es también una gran ventaja en caso de emergencia.

¿Hay desventajas en el colecho?

Aunque el colecho presenta numerosas ventajas tanto para el bebé como para los padres, es fundamental conocer algunas desventajas. De este modo, podrá decidir mejor si es conveniente animarse a hacer este arreglo en casa o prohibirlo. A continuación, se enumeran algunas de las desventajas más comunes a la hora de plantearse el colecho:

• *Puede prolongar la lactancia materna por la noche:* Al estar cerca de su bebé cuando duerme por la noche, resulta mucho más fácil que acceda a su pecho para alimentarse. Es cómodo para ambos, pero también puede causar problemas a largo plazo, sobre todo si hace que la lactancia se prolongue más de lo habitual. Si se prolonga la lactancia por la noche, pueden producirse desfases a la hora de que el bebé se duerma.

• *Posibles problemas de seguridad:* Al compartir la cama, su bebé puede correr el riesgo de ser asfixiado o aplastado. Además, esta disposición tiende a aumentar el riesgo de SMSL, que significa síndrome de muerte súbita del lactante.

El SMSL se refiere a la muerte súbita de un bebé por asfixia. Afecta a los bebés menores de un año debido a cosas como sábanas y mantas sueltas que tienden a impedirles respirar. Los padres también son considerados un riesgo para sus recién nacidos o bebés cuando duermen juntos.

Esto se debe a que corren el riesgo de darse la vuelta y aplastar a sus bebés. Además, ciertos hábitos de los padres, como fumar y beber, pueden aumentar aún más el riesgo de SMSL.

• *Puede interferir un poco en su sueño:* Si comparte la cama con su bebé, su sueño puede verse afectado negativamente. Esto puede deberse a que el hecho de tener a su bebé cerca le hará querer estar alerta todo el tiempo. Esto hace que no pueda dormir profundamente. Además, compartir la cama o la habitación con su bebé también puede impedirle intimar con su pareja.

• *Puede convertirse en la causa de que su bebé sea completamente dependiente de usted:* Tenga en cuenta que dormir con su bebé puede afectar negativamente su desarrollo. Esto se debe a que puede crear una fuerte sensación de dependencia. Si tarda mucho tiempo en hacer la transición para que duerma solo, será más difícil y complicado que se separen.

Esta es una de las razones por las que debe evitar trasladarlos a una habitación separada o a otra cama en una etapa demasiado tardía de su crecimiento, ya que hacerlo más tarde de lo habitual puede hacer que se sientan abandonados o rechazados. Lo mejor es trasladarlos a su propia habitación o zona de descanso entre los seis y los dieciocho meses.

Lo que hay que hacer y lo que no hay que hacer para un colecho seguro

Si desea asegurarse de que su bebé duerme de forma segura en el colecho, debe tener en cuenta lo siguiente:

• Coloque a su bebé tumbado sobre su espalda. No permita que duerma de lado o boca abajo.

• Utilice una manta para bebés en lugar de ropa de cama. Asegúrese de que la manta es segura para su bebé. De este modo, reducirá el riesgo de que la cabeza de su bebé pueda quedarse envuelta en la manta sin querer cuando duerme por la noche.

• Utilice un colchón firme. Debe ser moderadamente duro. No use almohadas ni camas de agua para su bebé.

- Asegúrese de que no haya ningún espacio entre la cama y la pared para evitar que su bebé ruede y quede atrapado.
- Sea un padre responsable. Esto significa que debe abandonar cualquier hábito inseguro y no deseado que pueda poner en peligro a su bebé si duerme con él. Nunca comparta la cama con su bebé si fuma, toma o usa sedantes o drogas, o se intoxica con alcohol.
- Controle la temperatura de la habitación. Esto es para evitar el posible exceso de calor.
- No permita que duerman entre usted y su cónyuge/pareja. Es conveniente situarlo solo al lado de uno de los padres y lejos del borde de la cama, a no ser que haya un moisés al lado de la cama.
- No comparta una habitación con su bebé a menos que esté completamente libre de humo.
- No coloque peluches, mantas blandas ni almohadas sueltas cerca de su cara.

Poner en práctica estos consejos reducirá las posibilidades de que su bebé sufra el síndrome de muerte súbita del lactante.

¿Cuánto tiempo se puede dormir en colecho?

Si ha decidido dormir con su bebé, debe establecer un plazo para dejar de hacerlo. Porque si bien es bueno para ellos durante los primeros meses, con el tiempo puede acarrear problemas. Incluso puede afectar la calidad de su sueño, eventualmente.

Tenga en cuenta que, al igual que su bebé o niño pequeño puede despertarlo accidentalmente si comparte la habitación o la cama con él, usted también puede hacer lo mismo y despertarlo. Su bebé corre el riesgo de despertarse accidentalmente si usted o su pareja roncan o hablan mientras duermen.

A su hijo también le pueden molestar ciertos movimientos, como que se levante y vaya al baño. Si es madre lactante, también puede perturbar su sueño solo con el olor de la leche materna. Esto puede provocar que se despierte con demasiada frecuencia.

Teniendo esto en cuenta, debe saber exactamente cuándo dejar de dormir con él y entrenarlo para que duerma de forma independiente. Como ya hemos dicho, lo ideal sería habilitar un espacio separado para que duerma cuando tenga al menos seis meses.

Algunos padres afirman que les resulta mucho más seguro y cómodo compartir la habitación con sus bebés hasta el año. Sin embargo, recuerde que las situaciones varían de un padre a otro, por lo que debe sopesar los factores únicos que afectan a toda la familia. Esto le dará una idea sobre el tiempo que durará el colecho.

Por ejemplo, puede que le cueste más separarse si su hijo tiene problemas de salud que cuando el bebé está perfectamente sano. Por otro lado, si se mueve mucho y tiene dificultades para dormir, será mucho mejor enseñarle a dormir en su propio espacio o habitación antes de lo habitual.

También puede estar más tranquilo si pone su habitación al lado de la suya. Como padre, es plenamente consciente de su propia situación. Lo mejor es que confíe en su instinto a la hora de decidir el camino más seguro para el colecho.

¿Cómo realizar la transición?

Si lleva bastante tiempo durmiendo con su bebé o niño pequeño, pero cree que ya es hora de enseñarle a dormir en otra habitación, debe asegurarse de que la transición sea lo más suave posible. Tenga en cuenta que, si su bebé ya está acostumbrado a compartir la cama o la habitación con usted, le resultará bastante difícil separarlo de usted.

Para que la transición sea más fácil para ambos, he aquí algunos consejos eficaces que pueden ayudar a convencer a su hijo de que duerma en otra habitación y asegurarse de que se adapte fácilmente al nuevo entorno:

- *Mantenga una conversación con su hijo sobre la importancia de dormir solo:* Antes de darle su propia habitación, asegúrese de hacer un esfuerzo para hablar con él sobre lo que debe hacer. Hágale saber los beneficios de dormir en su propia cama y habitación.

¿Su hijo sabe hablar? Si piensa que su hijo ya puede entender lo que le está diciendo, intente utilizar ejemplos positivos como el de otros niños que conoce y que ahora pueden dormir solos. Debe hacer que la charla sea lo más positiva y alentadora posible, ya que este tono puede motivarlo a hacer lo que usted le dice.

• *Deje que su hijo elija las cosas que necesita para tranquilizarse:* Una vez que haya explicado claramente a su hijo pequeño lo que significa la transición a su propia cama y habitación, asegúrese de permitirle elegir las cosas que le harán sentirse más cómodo en su nuevo entorno. Por ejemplo, permítale elegir la cama y la ropa de cama.

Dele la libertad de elegir los objetos de transición diseñados para ayudarles a tranquilizarse también. Si le permite disponer de los objetos con los que se siente cómodo, todo el proceso de adiestramiento del sueño le resultará mucho más fácil. También es una gran ayuda para preservar su confianza, con lo que se reduce el riesgo de que muestren comportamientos no deseados, especialmente durante el periodo de adaptación.

• *Haga la transición gradualmente:* Esto significa dar pasos sencillos y pequeños. Tenga en cuenta que no es necesario dar un gran salto de inmediato, ya que también puede hacer que su hijo experimente un shock con el cambio repentino. Durante los primeros días, no pretenda que se quede en su cama o habitación toda la noche de inmediato. Con esto en mente, esté dispuesto a realizar la separación de forma lenta, pero segura.

Por ejemplo, durante la primera noche de la transición, siéntese en su cama después de su ritual nocturno habitual. Intente permanecer a su lado hasta que se duerma. Además, tenga paciencia durante la primera noche porque, aunque esté cerca, hay muchas posibilidades de que esté inquieto porque es la primera vez que se separa de usted.

Váyase solo cuando su hijo se duerma plácidamente. Una vez que se acostumbre, puede seguir permaneciendo a su lado, pero alejándose un poco más mientras espera a que se duerma. Puede quedarse en el borde de su cama en lugar de estar exactamente detrás de él. Si se acostumbra de nuevo, puede alejarse aún más.

Continúe alejándose hasta que llegue el momento en que ya logré conciliar el sueño, aunque usted no esté en la habitación. El objetivo aquí es dar pasos sencillos y pequeños, para que puedan hacer los ajustes necesarios a medida que vaya haciendo cada cambio hasta llegar a la etapa final, dejándolo solo para que se tranquilice y duerma.

• *Enseñe a su hijo algunas formas eficaces de dormirse solo:* No se limite a decirle que se quede en la cama y duerma. También debe guiarlo para que aprenda algunas técnicas que le sirvan para conciliar el sueño. Por ejemplo, puede enseñarle a cerrar los ojos mientras está en la cama y a concentrarse en pensamientos divertidos y emocionantes, como los planes para su cumpleaños.

El objetivo es que su hijo tenga algo divertido en lo que pensar, para que se sienta más cómodo durmiendo solo y se deshaga de sus miedos y preocupaciones, aunque usted no esté a su lado.

• *Evite los matices negativos:* Debe asegurarse de no dejar que su hijo tenga matices negativos sobre el hecho de tener su propia habitación. Por ejemplo, si está esperando un nuevo bebé próximamente, cambiarle de habitación o de cama puede hacer que piense que el nuevo bebé le va a sustituir.

Teniendo esto en cuenta, lo mejor es hacer la transición de manera que no se sienta rechazado. Una forma de hacerlo es cambiarlo de habitación entre tres y seis meses antes o después de la llegada del nuevo bebé. De este modo, los dos grandes acontecimientos no se solaparán.

- *Encuentre el enfoque adecuado para su hijo:* Tenga en cuenta que hay diferentes enfoques para dejar de dormir juntos, pero el que será eficaz para usted será el que se adapte a las preferencias de su familia y al temperamento de su bebé o niño pequeño.

Un método que puede funcionar para usted es sentarse a su lado hasta que se duerma, porque su presencia le tranquilizará en cierto modo. También puede optar por la estrategia del pavo frío. Si no está seguro de qué método le va a funcionar, no dude en consultar a un especialista en desarrollo infantil o a un pediatra.

Con la ayuda de un profesional, seguro que encontrará el enfoque adecuado para garantizar el éxito cuando intente dejar el colecho.

- *Sea constante:* Una vez que haya elegido un enfoque cómodo tanto para usted como para su bebé, asegúrese de mantenerlo durante mucho tiempo. Sea coherente a la hora de aplicar el enfoque. Tenga en cuenta que todo el proceso de transición puede durar hasta tres semanas, a veces más, pero evite rendirse.

Continúe aplicando el enfoque elegido, incluso si su hijo pequeño hace grandes protestas. No se rinda ante las rabietas. Manténgase firme y coherente, sin olvidarse de asegurarle que seguirá estando a su lado, aunque ya esté en otra habitación.

Siempre que tome las precauciones de seguridad necesarias y correctas, el colecho con el recién nacido o el bebé durante las primeras etapas de su vida es generalmente seguro. Además, la decisión de dormir juntos o prohibirlo en casa depende de usted. Usted es quien determina lo que le conviene a usted y a toda la familia, ya que cada bebé, cada padre y cada circunstancia son diferentes.

Si ha decidido permitir el colecho, debe asegurarse de estar preparado para separarse de su hijo en cuanto esté preparado. Tenga en cuenta que es fundamental que le enseñe a ser independiente dejándole que se acomode solo y duerma.

Si logra que adquieran el hábito de dormir en su propia habitación, se sentirá más tranquilo al ver que mejoran considerablemente la calidad de su sueño. También es bueno para usted y para todos los que se ocupan de él, ya que un mejor sueño para su hijo pequeño significa también que usted tendrá por fin el descanso tranquilo y profundo que tanto ansiaba.

Capítulo 6: Manejo de los miedos nocturnos

Los miedos nocturnos de su hijo también pueden ser uno de los principales factores que afectan su calidad de sueño. Estos miedos nocturnos interrumpen el sueño profundo y tranquilo que se pretende mantener, lo que hace más difícil enseñarle a calmarse y, finalmente, a dormir solo.

También llamados terrores nocturnos o del sueño, estos miedos nocturnos se caracterizan por episodios de miedo intenso, sacudidas y gritos, incluso cuando el bebé todavía está dormido. Esta situación puede darse junto con el sonambulismo. De la misma manera que el sonambulismo, los miedos y terrores nocturnos se encuentran entre los sucesos más indeseables mientras su bebé o niño pequeño está dormido.

Es de esperar que cada episodio dure desde solo unos segundos hasta varios minutos, pero a veces los episodios duran más de lo esperado. También es importante tener en cuenta que los terrores nocturnos difieren de las pesadillas, aunque ambos parecen ser iguales. Una de las principales diferencias es que, a diferencia de las pesadillas, no se puede esperar que los niños con terrores nocturnos se despierten inmediatamente de un episodio.

Puede verlos gritar, dar patadas, agitarse, chillar, ser sonámbulos, sentarse y parecer aterrorizados, pero no se despertarán del todo. También es posible que le resulte difícil comunicarse con un niño que acaba de experimentar un episodio de terror nocturno. En la mayoría de los casos, encontrará a estos niños inconsolables.

Otra cosa que hay que tener en cuenta sobre los terrores nocturnos es que, aunque suelen ser traumatizantes, los que han experimentado un episodio suelen volver a dormir con normalidad justo después. La mayoría de ellos ni siquiera recuerdan la experiencia al despertarse por la mañana.

Sin embargo, a pesar de ello, esto puede tener un gran impacto en la calidad del sueño de su hijo. El entrenamiento del sueño se convertirá en un reto aún mayor debido a estos miedos y terrores nocturnos. Estos episodios no suelen ser peligrosos, solo perturban los patrones de sueño.

Teniendo esto en cuenta, reúna toda la información posible sobre esta situación, incluidas sus causas y posibles curas, para saber exactamente cómo puede seguir entrenando a su hijo para que duerma bien. Consulte a su pediatra para aliviar la ansiedad que pueda haber causado este terror nocturno.

Informe al médico si los temores nocturnos de su hijo pequeño le hacen permanecer despierto con frecuencia, especialmente durante más de treinta minutos. Un profesional médico es importante en este caso porque es de gran ayuda para descartar otros problemas de salud que puedan causar los episodios de miedos y terrores nocturnos.

También es aún más importante buscar la ayuda de un médico en caso de que los terrores nocturnos se produzcan con más frecuencia de lo habitual, provocando un aumento significativo del nivel de fatiga diurna de su hijo. Es importante además tener a mano un termómetro para determinar si se ha producido un cambio de temperatura, ya que los terrores nocturnos están asociados a los cambios de temperatura.

Etapas del sueño y su relación con los miedos nocturnos

Cada vez que se duerme, se atraviesan algunas etapas—cuatro etapas, para ser exactos. La primera etapa se caracteriza por un sueño ligero, por lo que es más fácil que se despierte cualquier persona en esta etapa. También se considera la fase inicial del sueño NREM (no REM). El hecho de que el cerebro siga activo durante la primera etapa es también la razón por la que despertar a alguien es fácil.

En cuanto llegue a la segunda fase, su mente se desacelerará, por lo que será más difícil despertarle. Puede pasar a la tercera etapa, considerada la fase más profunda del sueño NREM. Al llegar a la tercera etapa, es imposible despertarle. La cuarta etapa, denominada REM, es una fase por la que puede despertarse inmediatamente. Esto se debe a que es el momento en el que las actividades de su cerebro son muy frecuentes.

Ahora la pregunta es: ¿Cómo se relacionan todas estas etapas con los miedos y terrores nocturnos que experimenta su hijo? La respuesta es que estos episodios suelen ocurrir mientras su hijo pasa de la segunda a la tercera etapa. Los terrores nocturnos de su hijo suelen producirse en la tercera etapa, y esta es la principal razón por la que usted tiene dificultades para despertarlo.

Como los terrores nocturnos se producen en la tercera etapa—la fase más profunda de todo el ciclo del sueño—es posible que le cueste despertarse. Además, se ha descubierto que los miedos nocturnos suelen producirse por el miedo ligado a la transición de una etapa a otra.

Causas de los miedos nocturnos

Los miedos o terrores nocturnos tienen lugar una vez que el niño entra en la fase más profunda del sueño no REM. Suele ocurrir entre las 12:00 y las 2:00 de la madrugada, lo que indica que afecta no solo al sueño de su hijo pequeño, sino también al suyo y al de cualquier otra persona que lo cuide. Tiene varias causas probables, entre ellas:

• *Cansancio excesivo:* Los niños pequeños exhaustos o cansados son más vulnerables a experimentar terrores nocturnos. Esto se debe a que su agotamiento puede desencadenar una mayor actividad cerebral una vez que se quedan dormidos.

• *Interrupciones en sus rutinas y horarios de sueño habituales:* Su hijo también puede sufrir miedos y terrores nocturnos si se modifica repentinamente la hora de acostarse y los horarios de sueño a los que está acostumbrado. Si los cambios se producen durante varios días seguidos, correrán el riesgo de experimentar terrores nocturnos y eventos confusos.

• *Genes/herencia:* Otra causa posible de los terrores nocturnos es la herencia. Se ha descubierto que ciertas tendencias a este problema pueden ser genéticas. Esto significa que, si algún miembro de su familia padece estos episodios, es muy probable que su hijo pequeño también los experimente.

• *Trastornos del sueño:* Este es bastante serio y debe corregirse de inmediato. Si su hijo presenta síntomas de un trastorno del sueño, como por ejemplo el síndrome de las piernas inquietas o la apnea del sueño, también será más propenso a tener episodios de terrores nocturnos.

Aparte de las causas mencionadas, otros factores que pueden interrumpir el sueño profundo, como la ansiedad, la vejiga llena, los ruidos repentinos y la excitación, también pueden desencadenar uno o dos episodios de terrores nocturnos, ya que el tratamiento de ciertas enfermedades afecta a los patrones de sueño.

¿Cómo lidiar con los miedos nocturnos en los niños pequeños?

Si su niño tiene miedos y terrores nocturnos y usted está planeando comenzar el entrenamiento del sueño en ellos, una de las primeras cosas que usted tiene que hacer es tratar y contrarrestar tales miedos de modo que puedan dormir pacíficamente. La buena noticia es que no es difícil hacer frente a los terrores nocturnos.

A continuación, le ofrecemos unos sencillos consejos que parecen funcionar en muchos niños y bebés:

Prevención de los terrores nocturnos

Si observa que su hijo experimenta más episodios de terror nocturno de lo habitual, hay algunas cosas que puede hacer para prevenirlos. Por ejemplo, puede interrumpir su sueño. Para ello, apunte todos los detalles relacionados con cada episodio. Por ejemplo, puede registrar el número exacto de minutos que transcurren entre el momento en que entra en un sueño profundo y el momento en que se produce el terror nocturno.

Obsérvelo durante unos días y registre el momento en que se producen los terrores nocturnos. Una vez que se haya familiarizado con el horario, despiértele quince minutos antes de que espere que se produzca un episodio de terror nocturno.

Deje que permanezca despierto durante unos cinco minutos. Lo mejor es dejar que se levante de la cama durante ese tiempo. Siga esta rutina durante aproximadamente una semana para comprobar si funciona a la hora de detener los terrores nocturnos.

Evite tocarlo durante un episodio

Este consejo puede ir en contra de los instintos paternales, ya que los síntomas de los miedos nocturnos de su hijo pueden instarle instantáneamente a ir hacia ellos y abrazarlos, pero evite hacerlo, ya que cogerlos, mecerlos, abrazarlos fuertemente o hacer cualquier cosa para tocarlos y calmarlos solo empeorará las cosas.

Muchos padres afirman incluso que el episodio se hace más corto cuando dejan que termine por sí solo en lugar de tocar a sus hijos. En su caso, puede probar a tumbarse al lado de su hijo o hija asegurándose de no tocarle. De este modo, podrá consolarle y hacerle sentir seguro y protegido sin tener que tocarle.

Introduzca una rutina a la hora de acostarse

Antes de hacerlo, determine el número concreto de horas de sueño que necesita su hijo. Tenga en cuenta que el número de horas que necesita dormir dependerá de su edad. Por ejemplo, los bebés de entre cuatro y doce meses suelen necesitar entre doce y dieciséis horas diarias, incluidas las siestas. Si tiene un niño pequeño de entre uno y dos años, el objetivo es que duerma entre once y catorce horas diarias.

Puede reducir el número de episodios de terror nocturno asegurándose de que su hijo duerme las horas necesarias. Para conseguirlo, es necesario introducir una rutina a la hora de acostarse, pero hay que hacer que la sigan de forma constante. Asegúrese de elegir una rutina sencilla que cualquiera pueda realizar fácilmente, incluso su cuidador.

La rutina también debe ser algo que pueda hacer cada noche. Puede ser algo tan sencillo como cepillarles los dientes y las encías antes de acostarse para que lo asocien con el sueño. También puede leerle algo antes de arroparle en la cama por la noche. Para obtener mejores resultados, empiece a realizar esta rutina antes de que se froten los ojos, ya que eso indica que ya están excesivamente cansados.

Mantenga la calma durante un episodio

Cada vez que se produzca un episodio de terror nocturno, lo más práctico que puede hacer es mantener la calma. También es aconsejable esperar un poco a que su hijo se calme. Nunca intente interactuar con él o intervenir en la situación a menos que esté cien por cien seguro de que está a salvo.

Tenga en cuenta que, aunque puede ser aterrador presenciar el terror nocturno, no es perjudicial para el niño, por lo que no debe preocuparse en exceso. También debe evitar despertarlo durante el episodio. Solo debe dejarle tranquilo.

Permita que sientan su presencia sin tener que interrumpir todo el proceso. Tome en cuenta que, aunque usted intente despertarlos, ellos seguirán sin reconocerlo. Incluso corre el riesgo de sufrir una mayor agitación si intenta consolarlos.

Hable con ellos por la mañana

Un episodio de terror nocturno es algo que su hijo no puede recordar una vez que se despierta por la mañana. No obstante, es útil hablar con él al despertarse.

El objetivo es averiguar si tiene ciertas preocupaciones que están causando los episodios. Solo debe asegurarse de mantener una conversación un tanto positiva. Evite hablar de ello de forma aterradora, ya que solo podría causarle una mayor ansiedad.

Ofrezca consuelo y seguridad

También puede probar ofrecerle algo reconfortante y averiguar si ese objeto reduce la frecuencia de los miedos nocturnos. Puede ser un juguete que le resulte reconfortante.

El objetivo es dejar que tenga en sus manos algo que le haga sentirse protegido y seguro cada vez que duerma por la noche. De este modo, será menos propenso a experimentar terrores nocturnos.

Este objeto reconfortante también puede venir en forma de luz nocturna. Mientras trabaja con los miedos nocturnos de su hijo, utilice una luz nocturna que sea más tenue que una luz normal. Debe emitir una luz tenue y al mismo tiempo proporcionar un tono cálido y suave.

Este tipo de luz nocturna es de gran ayuda para los niños con terrores nocturnos. Evite las luces brillantes y azules, ya que pueden dificultar la producción de melatonina en el cerebro de su hijo, impidiendo que se adormezca a la hora de dormir.

Reduzca el estrés

Intente averiguar si hay algo que le estresa. Recuerde que el estrés es una de las principales razones por las que los niños experimentan miedos nocturnos. Si piensa que su hijo está estresado, averigüe el origen. Su objetivo es reducir sus niveles de estrés para que pueda dormir tranquilamente cada noche sin episodios de miedos y terrores nocturnos.

Además, asegúrese de que descanse lo suficiente en todo momento. Evite que se cansen en exceso. No permita que se quede despierto hasta muy tarde. De lo contrario, este exceso de cansancio puede hacer que sea más propenso a experimentar episodios de terror nocturno más frecuentes y prolongados.

Vístalo con ropa ligera y cómoda antes de ir a la cama

Este consejo se refiere más bien a la prevención de los miedos y terrores nocturnos. Deje que se ponga ropa ligera y cómoda antes de dormir. Tenga en cuenta que solo está aumentando la probabilidad de que su hijo experimente terrores nocturnos si lo viste con ropa pesada o gruesa que podría causarle un fuerte acaloramiento. Además de dejar que se vista con ropa ligera, asegúrese de arroparlo en la cama y de cubrirlo con una manta ligera, dándole la opción de disponer de un cobertor más grande en caso de que tenga frío.

Haga que la habitación sea propicia para el sueño

Asegúrese de que su habitación sea lo suficientemente cómoda y propicia para el sueño. Retire todo lo que pueda interrumpir su sueño, como monitores electrónicos y ruidos molestos. Además, asegúrese de que la habitación es completamente segura para reducir el riesgo de que se haga daño cuando tenga un episodio.

También debe recordar que los terrores nocturnos suelen producirse en niños que tienen demasiado calor. Teniendo esto en cuenta, asegúrese de que la temperatura de su habitación esté siempre entre 62,6 y 69,8 grados Fahrenheit (17 a 21 grados Celsius). La temperatura de la habitación debe ser lo suficientemente fresca como para que se sienta cómodo mientras duerme.

¿Cuándo debe ponerse en contacto con un médico?

Tiene que asegurarse de visitar al pediatra del niño, sobre todo si cree que los terrores nocturnos ya no son normales. Concierte una cita con el pediatra para determinar si su hijo sufre algún problema que cause los terrores nocturnos. Puede ser que tenga ciertos problemas de salud, como adenoides, amígdalas agrandadas o apnea del sueño.

Al visitar a su médico, su hijo puede someterse a las pruebas necesarias para descartar problemas de salud no deseados. Por ejemplo, en el caso de las amígdalas y las adenoides agrandadas, el niño puede someterse a un procedimiento que eliminará esas partes problemáticas que entorpecen su sueño. Una vez extirpadas, puede esperar que duerma más profundamente cada noche.

En caso de que los terrores y miedos nocturnos de su hijo se vuelvan demasiado frecuentes, lo mejor que puede hacer es registrar todo lo relacionado con cada episodio en un diario de sueño. Hágalo durante una o dos semanas para controlar todos los factores relacionados con el problema.

Entre las cosas que debe registrar están el horario de su hijo a la hora de acostarse, el número de horas que duerme cada noche, el número de horas que se despierta por la noche, la duración de cada episodio y el elemento específico que utiliza para reconfortarse o para dormirse.

Registre el número de siestas que realiza cada día, así como los posibles desencadenantes de los terrores nocturnos. El diario del sueño será de gran ayuda para usted y para el pediatra de su hijo, especialmente para determinar los desencadenantes habituales de cada episodio. Si los terrores nocturnos continúan, por mucho que se esfuerce en detenerlos, lo mejor que puede hacer es visitar al pediatra.

Además, es conveniente consultar al médico si su hijo sufre alguno de los siguientes síntomas relacionados con los terrores nocturnos:

- Aumento significativo de la frecuencia de los terrores.
- Alteración no solo del sueño de su bebé, sino del suyo propio y del de los demás.
- Producción de lesiones u otros problemas de seguridad.
- Causa síntomas diurnos asociados a problemas de funcionamiento y somnolencia excesiva.
- No tiene ningún indicio de detenerse; por ejemplo, si los terrores del sueño continúan cuando su hijo llega a la adolescencia.

Con la ayuda de un pediatra, puede identificar la causa del problema. Incluso puede recomendarle un especialista del sueño que ayude a su hijo a experimentar una mejor calidad de sueño. Si los episodios empiezan a afectar a las actividades diarias de su hijo, es decir, su rendimiento escolar y sus relaciones con familiares y amigos, su médico puede recetarle dosis bajas de antidepresivos tricíclicos o benzodiacepinas, aunque esto es poco frecuente. En la mayoría de los casos, los terrores nocturnos disminuyen de forma natural a medida que el niño crece.

Recuerde que el médico suele diagnosticar los terrores nocturnos en función del historial médico de su hijo y del resultado de una exploración física. Si sospecha que hay otros problemas de salud, puede realizar otras pruebas, como un electroencefalograma o una prueba no invasiva para medir las ondas cerebrales de su hijo.

Esto ayudará a determinar si su hijo tiene una dolencia que pueda causar convulsiones. Otra prueba es una polisomnografía, un examen del sueño diseñado para determinar si existe un trastorno respiratorio. Si el médico no encuentra ningún problema de salud importante, no hay que preocuparse demasiado. Suele significar que el caso de su hijo es normal y que el trastorno acabará desapareciendo por sí solo.

Capítulo 7: Pesadillas y enuresis

Otro factor que puede ser un obstáculo para el éxito del entrenamiento del sueño del niño es tener pesadillas. Si su hijo tiene a menudo pesadillas aterradoras, es de esperar que se despierte en mitad de la noche y que le cueste volver a dormirse. Sus pesadillas también pueden provocar otras molestias a la hora de conciliar el sueño, una de las cuales es mojar la cama. ¿Cómo se puede hacer frente a las dos cosas simultáneamente? Este capítulo le ofrece muchas respuestas útiles.

¿Cómo afectan las pesadillas a los niños pequeños?

Todo el mundo, independientemente de la edad, experimenta pesadillas. El problema es que sus efectos parecen ser peores en el caso de los niños pequeños. Si su hijo pequeño tiene pesadillas a menudo, estos sueños realistas, pero desagradables, y malos pueden tener un gran impacto negativo en sus horas de sueño.

Se caracteriza por ser un mal sueño porque a menudo implica una amenaza o un peligro imaginario. Esto significa que su pesadilla puede tratarse de una situación aterradora o peligrosa. Las pesadillas incluso vienen con imágenes, figuras y temas perturbadores. Pueden presentarse en forma de fantasmas, animales asustadizos, gente mala y monstruos.

El miedo a ser herido y la pérdida total de control también se encuentran entre los temas habituales cuando su hijo tiene una pesadilla. Aunque muchos niños tienen pesadillas de vez en cuando, es más habitual que las tengan los niños en edad preescolar o los que tienen entre tres y seis años.

Esto se debe a que es la edad en la que la imaginación de los niños es muy activa. También es la época en la que ya han desarrollado los miedos habituales que pueden provocarles pesadillas.

¿En qué se diferencian las pesadillas de los terrores nocturnos?

Las pesadillas no son lo mismo que los terrores nocturnos. Los terrores nocturnos hacen que el niño experimente episodios de pánico extremo. El niño puede estar confundido, gritar y moverse. Despertar al niño durante un terror nocturno suele ser difícil, y el niño rara vez recuerda el sueño que causó el terror.

Tenga en cuenta que las pesadillas en los niños pequeños difieren de los miedos nocturnos que se trataron en el capítulo anterior. Una cosa que distingue las pesadillas de los miedos nocturnos es el nivel de conciencia del niño. Esto se debe a que una pesadilla es algo que el niño puede recordar. Si su hijo puede hablar correctamente, tiene incluso la posibilidad de hablar de ello con usted.

Puede hablar con usted, ya que normalmente puede recordar toda la experiencia de forma vívida. En cuanto a los terrores nocturnos, no se puede esperar que los niños pequeños recuerden el episodio al despertarse. Otra cosa que diferencia a ambos es el momento en que se producen. Puede esperar que los terrores nocturnos perturben el sueño de su hijo al principio del mismo, normalmente después de una o dos horas.

Puede presentarse en forma de despertar parcial, de modo que parezca que se ha despertado, aunque no del todo. Las pesadillas, en cambio, suelen ocurrir durante las últimas horas de la noche. Puede esperar que las pesadillas interrumpan el sueño de su hijo después de la medianoche. Las pesadillas también se diferencian de los terrores nocturnos en que las primeras pueden hacer que su hijo se despierte.

Incluso puede llorar incesantemente y buscarle para que le tranquilice y le ayude a calmarse. Estas pesadillas también pueden hacer que su hijo tenga dificultades para volver a dormirse. Hay que tener en cuenta que, aunque todas las personas experimentan pesadillas, esta situación podría ser más problemática para los niños pequeños y los bebés.

Esto se debe a que, aunque pueden recordar lo que les ocurre mientras tienen una pesadilla, todavía no entienden cómo explicar adecuadamente el problema. A algunos les puede resultar muy difícil hablar del problema, especialmente si sus habilidades lingüísticas no están completamente desarrolladas.

Si usted es un padre con un niño que tiene a menudo pesadillas, parte de su entrenamiento del sueño debe implicar el aprender cómo tratar tales problemas durante la noche. Le resultará más fácil tratar el problema si sabe exactamente qué está causando la pesadilla.

Sabiendo la causa real, puede utilizar el acercamiento más apropiado para manejar pesadillas siempre que sucedan, y puede asegurarse de que no impidan que su niño tenga un sueño pacífico cada noche.

Causas comunes de las pesadillas en los niños pequeños

Identifique la causa de la pesadilla de su niño es uno de los primeros pasos que debe dar para resolver este problema específico que afecta sus horas de sueño. Una cosa que hay que tener en cuenta al tratar de identificar la causa exacta de las pesadillas de los niños pequeños es que suelen ser creadas por la parte específica de su cerebro responsable del sueño REM.

Entre dichas partes se encuentran aquellas vitales para procesar las experiencias emocionales y otras responsables de la memoria. El problema de las pesadillas es que parecen reales y vívidas, por lo que sus efectos pueden ser muy angustiosos para su hijo. Además, recuerde que son normales durante la etapa de crecimiento y desarrollo de cualquier niño.

Sin embargo, ciertas causas pueden ayudarle a guiar a su hijo o hija a lidiar con las pesadillas de forma más eficiente, haciendo posible que siga disfrutando de un descanso reparador. A veces, su hijo tendrá pesadillas por haber oído o visto algo inquietante durante el día.

Otra causa probable es una experiencia traumática. Esta puede provocar temores, lo que les lleva a soñar con ella durante la noche. Las pesadillas de su hijo también pueden surgir de su desarrollo. A veces se producen como una forma de afrontar ciertos cambios en su vida.

Puede ser por iniciar el colegio, por vivir con padres que se han vuelto a casar o divorciar, o por una mudanza reciente a un nuevo lugar o barrio. Las pesadillas también pueden ser consecuencia de factores psicológicos y genéticos. Además, son comunes entre los niños que tienen depresión, discapacidad intelectual y ciertas dolencias que afectan al cerebro. Otras posibles causas de las pesadillas en los niños pequeños que debe tener en cuenta son:

- Fiebre alta
- Ciertos medicamentos durante o después del tratamiento
- Estrés y conflictos
- Cansancio excesivo
- Insuficiencia de sueño
- Rutinas de sueño irregulares
- Convulsiones
- Trastornos respiratorios durante el sueño, especialmente causados por la apnea nocturna

La apnea del sueño es probablemente la más importante de identificar entre las causas de las pesadillas de los niños pequeños. Esto se debe a que los que tienen apnea del sueño no solo tendrán pesadillas, sino que también mostrarán otros síntomas, como rechinar los dientes, roncar y mojar la cama.

Los niños con apnea del sueño también pueden tener sueños sudorosos e inquietos y tienden a utilizar la boca para respirar. Muestran problemas de crecimiento, atención y comportamiento durante el día. Si a su hijo se le diagnostica apnea del sueño, podría ser una de las principales causas de sus pesadillas. Es importante tratarla y revertir sus síntomas, lo cual suele incluir también la resolución de las pesadillas.

¿Cómo tratar las pesadillas de los niños pequeños?

Una vez que haya identificado las causas específicas que hacen que su hijo pequeño tenga pesadillas aparentemente incesantes, es el momento de elaborar algunas soluciones que sin duda le ayudarán a usted y a ellos a lidiar con cada episodio. Debe considerar seriamente la posibilidad de encontrar formas de hacer que su hijo maneje sus pesadillas de manera más eficaz, especialmente si estas interrumpen su sueño.

Es decir, incluso con sus terrores nocturnos y pesadillas, si entrena a su hijo para que duerma de forma independiente, le resultará más fácil. Las siguientes son solo algunas de las formas más efectivas para que usted y su hijo manejen sus pesadillas:

• *Asegúrese de que duerme lo suficiente:* Una forma de reducir la frecuencia de las pesadillas de su hijo es hacer que duerma el número de horas necesario para su edad. Es necesario que duerma lo suficiente y que mantenga una rutina y un horario regulares a la hora de acostarse. Esto podría ser de gran ayuda para reducir la intensidad y la frecuencia de sus pesadillas.

• *Identifique los miedos de su hijo:* Descubra a qué teme su hijo. Hable con él para encontrar los fragmentos de información que le permitirán identificar su miedo, especialmente si todavía está en una edad en la que no puede transmitir su mensaje con claridad. Hágale preguntas abiertas, para que pueda informarle de las cosas concretas que le asustan a la hora de dormir.

Evite burlarse de sus miedos, porque incluso las cosas más triviales y divertidas para usted son extremadamente reales para ellos. Conozca mejor sus miedos, ya que esto puede ayudarle a encontrar formas de tranquilizarle.

• *Evite que crea que las criaturas que imagina existen:* Nunca diga cosas que puedan hacer que su hijo crea que las criaturas aterradoras que ha imaginado son reales. Esto significa que deberá evitar decirle que lo salvará de ello, porque al hacerlo solo puede confirmar que efectivamente existe. Procure que se dé cuenta de que lo que teme es solo un producto de su imaginación y no es cierto; de lo contrario, no podrá consolarle.

• *Cree rutinas divertidas y alegres para la hora de acostarse:* Esto significa que debe desarrollar rutinas antes de la hora de acostarse que puedan hacer que su hijo se sienta feliz y en paz. Evite exponerlo a programas de televisión, películas y música de miedo por lo menos treinta o sesenta minutos antes de la hora de acostarse.

Tampoco le lea cuentos aterradores antes de su hora de dormir ni le exponga a nada que pueda ser perturbador. Debe ser capaz de serenarlo y tranquilizarlo antes de que se duerma, para que su experiencia a lo largo de la noche también sea tranquila. Una mente tranquila puede contribuir a prevenir las pesadillas.

Algunas de esas rutinas divertidas y alegres a la hora de dormir que hacen que su hijo se sienta relajado y eliminan las preocupaciones son ponerle el pijama que haya elegido, cepillarle los dientes, dejarle jugar con su peluche favorito y leerle un cuento divertido y relajante. También debe aprovechar este tiempo para abrazarlo antes de meterlo a la cama. Es una gran ayuda para que se sienta seguro.

• *Hable de sus pesadillas:* También es aconsejable que hable de sus pesadillas durante el día. Su objetivo debe ser identificar un tema o patrón, especialmente si las pesadillas se vuelven demasiado frecuentes. Si identifica un tema o patrón, puede que algo esté molestando a su hijo.

Tal vez esté lidiando con factores de estrés que le hacen tener pesadillas cada vez que duerme. Hable de esos factores estresantes e intente trabajar con él para reducirlos o eliminarlos por completo.

• *Cree un dormitorio acogedor y propicio para el sueño:* Su objetivo aquí debe ser crear el entorno de sueño más tranquilizador y seguro para ellos. Su dormitorio debe estar diseñado de forma que le haga sentirse seguro. Debe permitirle calmarse, recargarse y revigorizarse para otro día ajetreado.

Una cosa que puede hacer para que su dormitorio sea propicio para dormir es añadir una luz nocturna que le dé sensación de seguridad. Sin embargo, es fundamental elegir una luz nocturna con un tono cálido. Tampoco debe tener luz azul. Además, hay que poner la temperatura ambiente más cómoda y adecuada para dormir.

Asegúrese de que ningún ruido molesto le distraiga una vez que cierre la puerta. También puede invertir en una máquina de ruido blanco y ponerla en su habitación para bloquear los sonidos externos e indeseados, lo que le permitirá dormir tranquilamente.

- *Ofrezca tranquilidad:* Este consejo es algo que debe aplicar siempre que su hijo tenga pesadillas. Recuerde que las pesadillas pueden ser un territorio aterrador y desconocido para los niños. Teniendo esto en cuenta, debe tranquilizar y reconfortar a su hijo cuando acabe de tener una pesadilla.

Dígale que solo es un mal sueño. Que no es cierto y que nunca le hará daño. Puede que piense que su sueño ha tenido lugar en algún lugar. En ese caso, ayúdele a entender que todo es una fantasía. Hágale saber que no ha ocurrido ni ocurrirá nunca.

Además, asegúrese de recordarle constantemente que usted está en la habitación de al lado. Asegúrele que siempre estará ahí para protegerlo de cualquier daño. También puede tranquilizarlos si usted califica lo que acaban de vivir.

Aunque es importante que se dé cuenta de que las pesadillas no son reales, evite desestimar o menospreciar su experiencia. Lo que puede hacer es compartir con él que usted también tuvo pesadillas cuando tenía su edad, y que a veces todavía las tiene.

Esto puede tranquilizarlo de alguna manera al saber que alguien entiende lo que está pasando y que no es el único que lo está sufriendo.

- *Procure consolarle en su habitación:* Evite dejar a su hijo solo justo después de que se haya despertado de una pesadilla. Dedique unos minutos a reconfortarlo dándole un abrazo extra. Este consuelo puede hacer que se sienta seguro. Sin embargo, es preciso que usted realice estos gestos de consuelo en la habitación de su hijo y no en la suya.

Incluso si corre a su habitación después de una pesadilla, procure volver a su habitación y consolarlo allí. Este consejo es vital para el entrenamiento del sueño, ya que puede hacer que se den cuenta de que su habitación es tan segura como la suya. Si acostumbra a mantenerlos en su habitación incluso cuando tienen una pesadilla, puede evitar que desarrollen el hábito nocturno de dormir junto a usted en su habitación.

• *Desvíe su imaginación:* Justo después de una pesadilla, no sería extraño que su hijo imaginara lo peor de la situación. En ese caso, puede ayudarle desviando su imaginación. Oriéntele hacia un escenario que podría haber dado un resultado diferente a su sueño.

También puede convertir la experiencia en un juego divertido que despierte su imaginación. Por ejemplo, si su sueño es sobre un monstruo que le persigue, hágale imaginar cómo sería descubrir que el monstruo era en realidad un amigo suyo que necesita de su ayuda. Esto seguramente despertará su imaginación. Incluso puede eliminar sus miedos, ya que intentará actuar como el salvador de la situación.

• *Enséñele a encontrar formas de superar las pesadillas:* Enséñele algunas formas de superar las pesadillas de forma creativa. Su objetivo es ayudar a su hijo a superar esas pesadillas, para que no se sienta tan asustado que no pueda volver a dormir por sí mismo.

Puede hacer que superen las pesadillas leyendo historias emocionantes y tranquilizadoras después de cada episodio. Otro consejo es permitir que dibuje la pesadilla, la rompa y la tire a la basura; al hacerlo, su hijo se dará cuenta de que tiene pleno control sobre sus pesadillas, por lo que no hay nada que temer.

En la mayoría de los casos, no es necesario tratar las pesadillas. Esto se debe a que la mayoría de estas experiencias se resuelven con el tiempo sin ninguna intervención. Sin embargo, si la calidad del sueño de su hijo se ve drásticamente afectada, debe hacer algo al respecto. Puede utilizar los consejos mencionados anteriormente para ayudarlo a superar las pesadillas y entrenarlo gradualmente para que se duerma solo, incluso después de un sueño aterrador.

¿Cómo evitar la enuresis?

Mojar la cama es habitual entre los niños pequeños y los que acaban de tener una pesadilla. Es posible que su hijo moje la cama como resultado del miedo provocado por un mal sueño. El objetivo es evitar la enuresis, ya que el malestar que provoca puede hacer que el entrenamiento del sueño sea aún más difícil, debido a que le costará volver a dormirse.

Puede reducir el riesgo de que se orinen en la cama después de una pesadilla con la ayuda de estos sencillos consejos:

• *Reducir la ingesta de líquidos por la noche:* Hay menos posibilidades de que su hijo moje la cama si reduce la ingesta de líquidos un par de horas antes de acostarse. Intente cambiar su horario de ingesta de líquidos. Dele líquidos a primera hora del día para que pueda disminuirlos por la noche, especialmente cerca de la hora de acostarse.

• *Establezca horarios para ir al baño:* Haga que su hijo adquiera el hábito de orinar según un horario. Por ejemplo, anímele a ir al baño a orinar cada dos horas. También es conveniente que vaya al baño antes de acostarse.

• *Elimine todo lo que pueda irritar su vejiga:* Asegúrese de no exponer a su hijo a nada que pueda irritar su vejiga por la noche. Esto significa que deberá eliminar todo lo que contenga cafeína, como el cacao y el chocolate.

Otro consejo alternativo es reducir el consumo de edulcorantes y zumos de cítricos, así como todo lo que contenga tintes o colorantes no naturales y aromas artificiales. Estas cosas pueden irritar su vejiga, haciendo que sea más propenso a mojar la cama incluso ante un mínimo estímulo.

- *Utilice protectores o pañales por la noche:* Hágalo incluso si ya lleva la ropa interior habitual durante el día. Si su hijo se opone a llevar pañales de nuevo por la noche, puede ponérselos una vez que se duerma. Otra alternativa son los calzoncillos de entrenamiento desechables. Una sábana de tela de goma para proteger su colchón también es una gran ayuda.

Otro consejo importante es evitar que su hijo se sienta mal por mojar la cama. No lo castigue, ya que solo conseguirá que se sienta más frustrado, sobre todo si solo le ocurre por sus pesadillas.

En lugar de culparlo o hacer que se sienta más incómodo y culpable, hágale saber que ocurre de vez en cuando y que ambos pueden solucionarlo. Anímale diciéndole que puede evitar los incidentes de enuresis en el futuro, aunque se produzcan a causa de una pesadilla aterradora.

Capítulo 8: Sonambulismo y hablar dormido

Otro problema que puede encontrar al entrenar a su hijo para que duerma solo es la tendencia a caminar dormido y a hablar dormido. Esto se debe a que tanto el sonambulismo como el hablar dormido perturban el sueño de su hijo. El problema es que, si es sonámbulo o habla dormido y en el proceso se despierta, le resultará muy difícil volver a dormir.

Sin embargo, hay que tener en cuenta que se trata de sucesos normales. De hecho, ambos ocurren a cerca del treinta por ciento de los niños pequeños y jóvenes. Dicho esto, cualquiera de los dos, o ambos, pueden tener un impacto significativo en el sueño de su hijo, por lo que es esencial aprender sobre el sonambulismo y el hablar dormido tanto como sea posible.

También es crucial aprender lo que se puede hacer para evitarlo. Además, es útil averiguar si algún signo de advertencia sugiere la necesidad de ayuda de un profesional médico. De este modo, usted o su cuidador podrán tomar medidas inmediatas y adecuadas.

¿Qué debe saber sobre el sonambulismo en los niños?

El caminar dormido–también llamado sonambulismo–implica que su hijo realiza una serie de movimientos para caminar mientras se encuentra en un estado similar al del sueño. Este comportamiento se clasifica como parasomnia, una categoría de trastorno del sueño que abarca comportamientos y movimientos anormales durante el sueño.

El sonambulismo en los niños pequeños y jóvenes se caracteriza porque se levantan mientras duermen sin tener conciencia de la acción. Esta situación suele afectar a niños de entre cuatro y ocho años, pero a veces los niños pequeños también lo experimentan. La mayoría de los sonámbulos comienzan a hacerlo una o dos horas después de haber caído en un sueño profundo.

Cada episodio de sonambulismo dura entre cinco y quince minutos. Aunque el sonambulismo no suele ser perjudicial para los niños y la mayoría lo superan, hay que saber que es potencialmente dañino si no se aborda el problema.

Por ejemplo, existe el riesgo de que su hijo se lastime cuando es sonámbulo. Teniendo esto en cuenta, usted y su cuidador deben trabajar juntos para protegerlo de posibles lesiones. Una forma de hacerlo es averiguar los factores específicos que hacen que su hijo sea más propenso al sonambulismo.

Debe determinar la causa del sonambulismo para poder adoptar las medidas adecuadas. Los factores que pueden provocar el sonambulismo son:

- Sueño inadecuado
- Fatiga o cansancio extremos
- Horarios, hábitos y rutinas de sueño irregulares
- Estancia en un entorno de sueño nuevo y diferente
- Ansiedad

- Fiebre u otras enfermedades
- Medicamentos que esté tomando, como estimulantes, antihistamínicos y sedantes

Si los miembros de su familia tienen antecedentes de sonambulismo, tenga en cuenta que esto también puede contribuir a que su hijo tenga episodios de este tipo. Cada episodio es diferente, pero en la mayoría de los casos, su hijo se levantará de la cama o se sentará en ella y luego caminará por su habitación. Normalmente duran menos de diez minutos.

También hay casos en los que el episodio de sonambulismo incluye que el niño se ponga la ropa, se pasee por toda la casa y abra las puertas. Puede abrir los ojos, aunque siga dormido. Sus ojos abiertos también suelen ir acompañados de una mirada vidriosa y acristalada.

No espere una respuesta clara si tiene pensado preguntarle sobre lo que ha pasado cuando se despierte por la mañana. Esto se debe a que su hijo no puede recordar el episodio de sonambulismo una vez que se despierta por completo.

Además, tenga en cuenta que su hijo puede mostrar otras acciones y comportamientos relacionados con esta afección, además del signo más común del sonambulismo, que es caminar mientras está dormido. Otros síntomas que su hijo puede mostrar si tiene esta afección son:

- Sentarse mientras está en la cama y hacer ciertos movimientos en forma reiterada
- Caminar por la habitación o la casa
- Moverse con torpeza
- No contestar, aunque se le hable
- Balbucear o hablar mientras duerme
- Tendencia a orinar en zonas inapropiadas

- Realizar actos repetitivos o periódicos, como cerrar y abrir las puertas

Otra cosa que hay que recordar sobre el sonambulismo es que, aunque es común y ocurre de forma natural en los niños, a veces indica una condición subyacente. Las afecciones que pueden estar relacionadas con el sonambulismo son la apnea del sueño, las migrañas, los traumatismos craneales, el síndrome de las piernas inquietas y los terrores nocturnos.

¿Cómo lidiar con el sonambulismo en niños pequeños y bebés?

Si cree que el caso de su hijo es normal y no está relacionado con ningún otro problema de salud importante, pero sigue preocupado por su seguridad durante cada episodio, tiene que prepararse para hacer cosas que disminuyan su tendencia al sonambulismo.

Además, tiene que hacer algo al respecto si siente que su sueño ya está drásticamente afectado. Tenga en cuenta que, si no toma medidas, incluso si su caso es normal, puede experimentar grandes dificultades y desafíos durante su entrenamiento del sueño.

A continuación, le ofrecemos algunos consejos prácticos para usted y para el cuidador de su hijo que deberían hacer que el niño sea menos propenso al sonambulismo y garantizar su seguridad durante cada episodio:

Aplicar medidas de seguridad en casa

Tenga en cuenta que la seguridad de su hijo se verá comprometida durante cada episodio de sonambulismo, ya que lo más probable es que deambule por la casa sin ser plenamente consciente de lo que está haciendo. Cuando lo hace, corre el riesgo de lesionarse. Dicho esto, es aconsejable aplicar medidas de seguridad en su casa.

Entre las medidas de seguridad que usted y su cuidador deben tratar de aplicar están:

- Mantener las puertas y ventanas cerradas con llave todas las noches
- Deshacerse de los objetos punzantes y rompibles alrededor de la cama
- Deshacerse de todos los peligros que puedan hacer tropezar al niño, no solo en su habitación, sino en toda la casa.
- Instalar alarmas en puertas y ventanas
- Poner cerraduras en lugares donde el niño no pueda llegar fácilmente
- Poner puertas de seguridad en los umbrales y en la parte delantera de las escaleras
- Asegurarse de que las llaves están fuera del alcance de su hijo
- Evitar que su hijo duerma en una litera
- Bajar la temperatura del calentador de agua para reducir el riesgo de quemaduras

Su principal objetivo debe ser crear un hogar seguro a prueba de sonámbulos. También ayuda colgar un timbre en la puerta de su habitación, que le avise a usted o a su cuidador cada vez que el niño camine dormido y salga de su habitación.

Establezca una hora límite para dormir

Este consejo es de gran ayuda si su objetivo es evitar que su hijo sea sonámbulo en primer lugar. Tenga en cuenta que una de las principales causas del sonambulismo, especialmente en los niños pequeños, es el cansancio excesivo. Puede hacer que su hijo no solo sea sonámbulo, sino que también experimente otros problemas de sueño, como pesadillas y terrores nocturnos.

Puede evitar la fatiga que puede desencadenar el sonambulismo estableciendo una hora para acostarse temprano y manteniéndola. Puede establecerla entre treinta minutos y una hora antes de su horario habitual. Lo bueno de este consejo es que también ayuda a mejorar la somnolencia excesiva.

También es recomendable intentar combinar la hora de acostarse temprano con rutinas relajantes. Puede crear un horario regular de siesta y sueño, tanto para el día como para la noche. Otras rutinas que le harán pensar que ya está cerca la hora de acostarse son lavarse los dientes, ponerse su ropa de dormir favorita y escuchar cuentos o música relajante.

Nunca lo despierte durante un episodio de sonambulismo

Si su hijo es sonámbulo, evite despertarlo cada vez que tenga un episodio. Lo mejor será que lo lleve de vuelta a la cama. Tenga en cuenta que, aunque esté dormido, lo más probable es que su hijo responda al sonido de su voz. Háblele con suavidad y calma mientras le guía de vuelta a su habitación o a su cama.

Practique el despertar programado

También puede probar la técnica del despertar programado si ya ha identificado el horario habitual en el que se produce el sonambulismo. Puede realizar esta técnica despertando a su hijo cada noche unos treinta minutos antes de la hora habitual de los episodios de sonambulismo.

Intente realizar esta técnica todas las noches durante un mes, y notará una reducción significativa de la gravedad y la frecuencia de los episodios. Procure despertarlos completamente, de forma que puedan mantener una conversación. Sin embargo, un problema de esta técnica es que puede llevar a la privación del sueño.

En este sentido, asegúrese de que duerme lo suficiente durante el día para compensarlo. Además, pruebe a hacer esto solo durante un mes o solo hasta que note que los episodios de sonambulismo disminuyen.

Reduzca la ingesta de líquidos antes de acostarse

El líquido es vital para la salud de su hijo, ya que le ayuda a mantenerse hidratado. Sin embargo, también puede causar problemas, sobre todo si son propensos al sonambulismo. Esto se debe a que tener la vejiga llena puede desencadenar episodios de sonambulismo.

Teniendo esto en cuenta, asegúrese de limitar el consumo de líquidos de su hijo por la noche. También es aconsejable eliminar cualquier bebida que contenga cafeína. Además, ayuda que le deje ir al baño antes de dormir. Con esa rutina, habrá menos posibilidades de que le perturbe algo durante su sueño.

Construir una habitación que favorezca el sueño

Otro consejo importante para evitar el sonambulismo y asegurarse de que duermen lo suficiente y sin interrupciones cada noche es hacer que su habitación sea lo más relajante y agradable posible para dormir. Su objetivo es crear un entorno de sueño tranquilo, cómodo y tenue. Esto puede hacer que se relaje y sienta la necesidad de dormir.

Asegúrese de que la temperatura del dormitorio sea baja: unos 75 grados Fahrenheit o 24 grados Celsius es la temperatura ideal. También ayuda combinar esto con rutinas relajantes, como la respiración profunda y un baño caliente. De este modo, la mente de su hijo se acondicionará para dormir plácidamente sin que nada le perturbe, ni siquiera un episodio de sonambulismo.

¿Cuándo se debe buscar ayuda médica?

Existe la posibilidad de que haya una conexión entre el sonambulismo y otras posibles dolencias y afecciones, por lo que usted y el cuidador de su hijo pequeño deben estar atentos para reconocer el comportamiento mostrado por su hijo. Debe observar al niño, especialmente durante sus episodios de sonambulismo. Considere la posibilidad de ponerse en contacto con un médico si los episodios de sonambulismo de su hijo se producen con mayor frecuencia.

También es posible que deba buscar ayuda médica profesional si observa que su hijo corre un mayor riesgo de lesionarse a sí mismo o a los que le rodean cada vez que es sonámbulo. Otra situación que justifica el apoyo de un médico es si los episodios de sonambulismo no parecen terminar y continúan a medida que el niño crece.

También puede ser necesario consultar a un médico si usted y el cuidador de su hijo notan lo siguiente en él:

- Episodios de sonambulismo que empiezan a perturbar el sueño de otras personas de la casa
- Somnolencia extrema durante el día
- Más de dos episodios de sonambulismo cada noche
- Tendencia a jadear o a roncar fuerte junto con el sonambulismo
- Mojar la cama durante los episodios de sonambulismo

Solo tiene que comunicar a su médico los signos y síntomas alarmantes que presenta su hijo durante los episodios de sonambulismo. A continuación, puede esperar que le recomiende un centro de especialización del sueño, un lugar en el que se analizará el historial de sueño de su hijo y su patrón de sueño.

Si es necesario, el médico organizará exámenes o estudios sobre el sueño. El objetivo de estos estudios es descartar otras afecciones y dolencias que puedan estar causando los episodios, como el síndrome de las piernas inquietas y la apnea del sueño. En el estudio del sueño, se pedirá a su hijo que duerma en un laboratorio especializado en el sueño durante una noche.

Allí se colocarán electrodos en varias partes del cuerpo de su hijo. El objetivo principal es medir las ondas cerebrales, la respiración, la frecuencia cardíaca, los movimientos de piernas y ojos, el nivel de oxígeno en la sangre y la tensión muscular de su hijo. Su hijo también será grabado con una cámara mientras duerme.

Este estudio suele realizarse si existe una alta probabilidad de que su hijo sufra una enfermedad más grave. Para los casos problemáticos de sonambulismo, el médico que elija también puede realizar despertares programados, una técnica que hace un seguimiento del sueño de su hijo durante varias noches. Esto le ayudará a averiguar la hora concreta en la que suele producirse el episodio.

Una vez detectado el horario habitual de cada episodio, su hijo será despertado de su sueño unos quince minutos antes de dicho horario. Es una gran ayuda para restablecer el ciclo de sueño de su hijo y mantener bajo control los comportamientos de sonambulismo, especialmente los más peligrosos.

Aunque es raro, también hay ocasiones en las que el médico recomendará la ingesta de ciertos medicamentos, uno de los cuales es el clonazepam. El clonazepam es un medicamento benzodiacepínico que se utiliza para suprimir el sistema nervioso. Si lo toma, el niño será menos propenso a levantarse y vagar mientras duerme.

Sin embargo, hay que asegurarse de utilizar este medicamento solo en casos graves. Recuerde: puede producir efectos secundarios, así que hable de ello detenidamente con el pediatra. Pregunte si sus beneficios superan los riesgos y efectos secundarios, y si la medicación es realmente adecuada para su hijo. Sin embargo, en la mayoría de los casos de sonambulismo no es necesario el uso de medicamentos.

¿Qué debe saber sobre el sonambulismo?

Si su hijo es sonámbulo, también hay una tendencia a que este episodio vaya acompañado de hablar dormido. Suele ocurrir si nota que su hijo habla, llora, gime o se ríe incluso cuando está dormido. Al igual que en los episodios de sonambulismo, su hijo no es consciente de que habla durante el sueño. Tampoco lo recordará cuando se despierte.

A veces, los episodios de hablar dormido de su hijo abarcan palabras y frases que usted puede discernir, así como oraciones completas. Sin embargo, hay casos en los que hablan sin sentido. Siempre que hable durante el sueño, notará que suena como él mismo o que habla con otra voz. Las cosas de las que habla también pueden estar relacionadas con conversaciones y recuerdos del pasado, o puede que no estén relacionadas con nada.

Es importante tener en cuenta que, aunque hablar dormido suele ser genético y viene acompañado de episodios de sonambulismo, el cansancio excesivo y el sueño inadecuado también pueden desencadenarlo. Además, su hijo puede hablar dormido debido al estrés, y por eso debe establecer una rutina consistente y relajante antes de acostarse.

Al igual para reducir los episodios de sonambulismo, también debe asegurarse de que su hijo duerma lo suficiente y sin interrupciones, entre once y catorce horas, para evitar que hable durante su sueño. Por otra parte, recuerde que el habla durante el sueño suele acompañar a los terrores nocturnos, las pesadillas, la apnea del sueño, la fiebre y otros sueños vívidos.

Debe observar atentamente a su hijo para averiguar si su caso es todavía leve o si puede considerarse lo suficientemente grave como para asociarlo a una enfermedad subyacente. Puede considerar que su afección es leve si no duerme más que una vez a la semana. En cambio, si ocurre cada noche durante un mes entero o más, hay que estar alerta porque puede considerarse un caso más grave y pronunciado.

Hable con su pediatra o médico al respecto, y no olvide preguntar al experto qué hacer para manejar el caso. Es aún más importante que lo trate si descubre que el hablar dormido de su hijo molesta a otros miembros de su hogar o lo perturba de alguna otra manera.

¿Qué puede hacer con respecto al trastorno del habla durante el sueño?

El tratamiento de los trastornos del habla durante el sueño en los niños es similar al que se utiliza para tratar el sonambulismo. Los consejos que puede aplicar son establecer horarios y rutinas de sueño regulares, establecer despertares programados y asegurarse de que su hijo duerme lo suficiente. Puede llevar a cabo esas técnicas junto con las siguientes para mejorar aún más su capacidad para reducir la frecuencia y la gravedad del sonambulismo:

• *Elimine cualquier tipo de distracción a la hora de dormir:* Esto incluye aparatos, ruidos innecesarios, luz azul o cualquier cosa que pueda impedir que se duerma a tiempo. Al eliminar las distracciones, su hijo tiene más posibilidades de conseguir una calidad de sueño considerable.

• *Practique una buena higiene del sueño:* La higiene del sueño se refiere a las prácticas destinadas a mejorar la capacidad de su hijo para dormir profundamente. Entre las que puede incluir dentro de su higiene del sueño están establecer una temperatura relajante y confortable en su dormitorio y eliminar las lámparas que producen luces brillantes cerca de su cama.

• *Evite que coman alimentos picantes, grasos y con mucha grasa antes de acostarse:* Asegúrese de que tampoco tome bebidas gaseosas. Estos alimentos y bebidas poco saludables pueden provocar indigestión, lo que perturba su sueño y hace que sea más propenso a hablar en sueños.

- *Asegúrese de que su dormitorio recibe suficiente luz solar durante el día:* También debe tener suficiente oscuridad por la noche. Así, su hijo tendrá más posibilidades de mantener un ciclo saludable de sueño y despertar.

- *Anímele a hacer ejercicio:* Asegúrese de que realiza suficientes actividades físicas o ejercicio durante el día. Algunas buenas actividades son la natación, el ciclismo y el atletismo; sin embargo, a esa edad, ese tipo de actividad debe ser supervisada. También puede hacer que participe en deportes. Fomentar la actividad y el ejercicio puede mejorar significativamente la calidad del sueño, lo que se traduce en una menor probabilidad de sonambulismo y de hablar dormido.

Al igual que el sonambulismo, hablar dormido suele ser inofensivo y un hecho natural en los niños. Incluso puede esperar que su hijo lo supere pronto, pero si nota que sus síntomas son graves o que su condición parece persistir más de lo habitual, busque ayuda de su médico o de un especialista del sueño.

Puede confiar en los profesionales médicos para diagnosticar las afecciones y problemas subyacentes de su hijo y, posteriormente, tratarlos si es necesario. También pueden guiarle en el proceso de adiestramiento del sueño de su hijo, haciéndolo lo más fácil posible y ayudándole a eliminar problemas como el sonambulismo y el habla durante el sueño.

Capítulo 9: Establecer un horario de sueño

¿Ha resuelto y abordado por fin los problemas que afectan al sueño de su hijo, como el colecho, el sonambulismo, el hablar dormido y la alimentación nocturna? Entonces ha llegado el momento de establecer un horario de sueño para él. Lo bueno de establecer un horario de sueño y cumplirlo es que puede dar a su hijo pequeño más estabilidad y confianza.

Además, su vida como padre y la de los cuidadores del niño será mucho más fácil. El secreto definitivo para establecer un horario de sueño exitoso es combinar comodidad, diversión y estructura.

Una vez que haya eliminado todos los demás obstáculos y problemas que afectan la calidad del sueño de su hijo, ponga en práctica el horario de inmediato. Esto ayudará a su hijo a familiarizarse con la nueva rutina.

Una vez que se acostumbre a ella, también tendrá la seguridad de que estará más que dispuesto a realizar ajustes en el horario a medida que crezca, para que se adapte a sus necesidades específicas.

¿Cuándo debe empezar a establecer un horario de sueño?

Tenga en cuenta que tan pronto como su bebé alcance los dos o tres meses, puede intentar entrenarle para dormir y establecer un horario de sueño regular, ya que es el período en el que su reloj interno se vuelve más predecible. Cuando esto ocurre, puede empezar a poner en práctica los horarios básicos que se adaptan a los recién nacidos.

Entre los tres y los seis meses, notará que su hora de acostarse, de despertarse y de dormir la siesta coinciden a diario. Puede utilizar esta información para anticiparse a las horas concretas en la que se siente adormecido de forma natural, lo que le permitirá acostarlo cuando ya esté somnoliento mientras esté despierto.

Esto es necesario, ya que puede entrenarle y ayudarle a desarrollar una habilidad útil: dormirse de forma independiente.

¿Cuál es el horario de sueño ideal para los niños pequeños?

La respuesta a esta pregunta dependerá de la cantidad específica de sueño que necesite su hijo. Por ejemplo, los niños pequeños necesitan un total de once a catorce horas diarias. También debe incluir una siesta de una a dos horas diarias. Además, tenga en cuenta que, aunque los horarios de sueño de los niños varían, la mayoría de ellos tienden a dormir mejor cuando se les lleva a la cama entre las 7:30 y las 8:00 de la noche.

Esto se debe a que la mayoría de los niños que duermen antes de las 9:00 de la noche tienden a quedarse dormidos más rápidamente. También tienen menos riesgo de despertarse durante la noche, lo que les permite descansar mejor y dormir varias horas. En ese caso, también puede prever que su hijo se despierte alrededor de las 6:00 o 7:00 de la mañana.

Algunos niños pequeños se levantan incluso antes. Si su hijo es madrugador y se despierta antes de las 6:00 de la mañana, puede estar seguro de que hay formas de hacer que pulse el botón de repetición. Por ejemplo, puede colocar sus juguetes favoritos cerca de ellos para que puedan alcanzarlos fácilmente.

Si lo hace, será menos probable que le llame de inmediato. También puede instalar persianas que oscurezcan la habitación y que impidan la entrada de luz natural. Esto puede contribuir a que su hijo piense que todavía tiene que dormir más hasta la hora prevista para despertarse.

Consejos eficaces para establecer un horario de sueño para los niños pequeños

Una cosa importante que debe tener en cuenta cuando se trata de niños pequeños es que tienen fama de resistirse al sueño. Es la razón por la cual tiene que buscar consejos y técnicas que le permitan seguir un horario de sueño saludable. Su objetivo es establecer hábitos de sueño saludables y asegurarse de que los siguen.

Una forma de lograrlo es tener horarios de siesta y de descanso constantes todos los días. Además de permitir que su hijo obtenga el número necesario de horas de sueño, también puede esperar que le resulte más fácil entrenarlo para dormir. Además, una vez que tengan un ciclo consistente de sueño-vigilia, su vida también comenzará a ser más fácil de nuevo con patrones predecibles y una mayor probabilidad de obtener suficiente descanso y sueño.

Para que le resulte más fácil establecer un horario de sueño para su bebé o niño, es muy recomendable aplicar los siguientes consejos:

Establece un horario de sueño basado en las costumbres de su hijo

Siempre que sea posible, comience a entrenar a su hijo para dormir lo antes posible. Esto no significa que tenga que empezar a establecer un horario de sueño cuando todavía tiene un recién nacido, ya que no puede esperar que lo siga todavía. Dicho esto, puede empezar a intentar modificar su reloj interno a partir de los dos meses.

Su objetivo es crear un horario de sueño y alimentación en función de su personalidad y sus hábitos de sueño. Recuerde que debe basar el horario de sueño de su hijo en sus señales de alarma. Conoce las señales específicas que indican claramente cuándo tiene sueño. Obsérvelo y determine qué cosas suele hacer cuando empieza a sentirse cansado.

Por ejemplo, puede llorar incesantemente, estar inquieto o frotarse constantemente los ojos. Esas acciones indican que ya quieren tomar una siesta o dormir por la noche. Su objetivo es familiarizarse con los comportamientos y señales de su hijo, ya que le ayudarán a elaborar el horario de sueño más adecuado para él, uno que pueda cumplir fácilmente.

Lleve un registro del sueño

Otra cosa que puede hacer para establecer un buen horario de sueño es tener un registro de sueño. Debe registrar todo lo relacionado con su sueño. Esto le dará una idea clara de sus horas habituales de sueño, lo que le permitirá programar su hora de acostarse y de dormir la siesta en consecuencia.

Este registro del sueño también le permitirá conocer sus períodos de vigilia y sus patrones de sueño. De este modo, podrá saber cuánto puede aguantar despierto y el tiempo específico que necesita para dormir. Tenga en cuenta que cada bebé o niño pequeño es único, por lo que debe crear un horario de sueño que se adapte a él.

Establezca una hora para despertarle

Su hijo debería poder empezar el día con un horario fijo para despertarse. Como se ha indicado anteriormente, algunos niños pequeños se levantan temprano, entre las 6 y las 7 de la mañana. Si observa que se despiertan más tarde, evite despertarlos antes. Tenga en cuenta que aún está empezando a establecer las rutinas y los horarios más apropiados, por lo que es conveniente que le deje decidir cuándo puede despertarse cómodamente.

Si ya tiene un patrón programado para despertarse, intente mantenerlo porque es más cómodo para ellos. También es aconsejable dejar que pase unos quince minutos despertándose lentamente por sí mismo. Deje que jueguen un rato en su cuna durante este tiempo, antes de prepararlos para el día. Lo mejor es que intente esperar hasta las 7:00 de la mañana para favorecer el comienzo de su día.

Incorpore rutinas que le hagan saber claramente que ya es de día. Por ejemplo, puede dedicar una media hora a vestirle y a cepillarle los dientes y el cabello. Otras rutinas que puede incorporar aquí son lavarle la cara y dejarle ir al baño.

Programe el desayuno

También puede establecer un horario para su desayuno. Dependiendo de sus necesidades, puede ser más adecuado establecer la hora del desayuno antes de lavarse los dientes y vestirse. Es una rutina más adecuada si suele despertarse con hambre. En ese caso, lo mejor sería darle de comer primero para que esté más dispuesto a cooperar con usted una vez que llegue el momento de bañarse, lavarse los dientes y vestirse.

Prepare un desayuno ligero para él. Debe ser algo que sea fácil de digerir. Además, intente acortar el tiempo que pasa desayunando, ya que no debería tardar más de media hora. Así tendrá más tiempo para jugar durante la mañana.

Incluya siestas por la mañana y por la tarde

Las siestas deben formar parte de la rutina diaria de su hijo, ya que son momentos en los que puede revitalizarse. Es importante tener en cuenta que no incluir siestas en su horario diario puede afectar su calidad de sueño por la noche. Además, puede resultarle más difícil establecer un horario de sueño consistente si no le deja dormir una siesta periódica.

Si ya está levantado a las 7 de la mañana, considere la posibilidad de fijar la hora de la siesta entre las 9:30 y las 10 de la mañana. Debería durar al menos una hora. Sin embargo, tenga en cuenta que, a medida que crecen, también pueden dejar de realizar su siesta matutina. No le obligue a dormir la siesta si cree que ya ha superado esta rutina matutina.

En tal caso, es mejor llenar el tiempo de su supuesta siesta matutina con actividades tranquilas y relajantes. Puede dejar que lea libros, escuche audiolibros o juegue. Otórguele suficiente tiempo de tranquilidad para recargarse, y tener más energía para que realice más actividades físicas durante el día.

Establezca también un horario de siesta por la tarde para su hijo. Prográmela después de la comida, preferiblemente durante el período de descanso, alrededor de las 2:00 de la tarde. En la medida de lo posible, no espere que la siesta dure más de dos horas. El permitir que tome una siesta demasiado larga y tardía puede afectar su capacidad de dormir a tiempo por la noche.

Establezca rutinas para las últimas horas de la tarde

Si desea que su hijo se duerma por la noche con más facilidad, también debe incluir en su horario rutinas para las últimas horas de la tarde. Planifique actividades para después de la siesta. Puede ser una merienda ligera y actividades al aire libre. Es muy recomendable dejar que juegue al aire libre, por ejemplo, paseando por el barrio o en un parque infantil cercano a su casa o dejando que corra en el jardín.

El objetivo es dejar que se mueva, lo cual es bueno para su cuerpo, y al mismo tiempo tratar de que disminuya su energía antes de la cena. Si lo hace, le resultará más fácil prepararlo sin problemas para la cena y la hora de acostarse. El hecho de que ya esté usando toda su energía jugando al aire libre también aumentará sus posibilidades de dormir en un horario fijo.

Cree rutinas para antes de acostarse

También debe establecer rutinas que su hijo pueda cumplir antes de acostarse. Recuerde que las primeras partes del entrenamiento del sueño serán un reto, ya que le resultará difícil cumplir con un horario diario consistente. Afortunadamente, usted puede disminuir tales desafíos intentando crear rutinas antes de la hora de acostarse.

Todo lo que necesita es arraigar dichas rutinas en los hábitos de su hijo hasta que se acostumbre a hacerlo y las asocie con el sueño. Una vez que comience el entrenamiento, procure mantener rutinas similares antes de acostarse y a la misma hora de acostarse cada noche. En la medida de lo posible, deje que su hijo se acueste alrededor de las 8:00 de la noche. Esta es la hora perfecta para que los niños pequeños duerman adecuadamente.

La mejor manera de manejar y preparar a su hijo para la hora de acostarse es dejarle jugar un poco después de la cena. Después de un breve rato de juego, deje que realice alguna actividad relajante. Puede ser leer un libro o ver su programa de televisión favorito. Otra rutina que debería asociar con el sueño es una merienda nocturna (por ejemplo, un vaso de leche caliente). También puede incorporar tiempo para un baño caliente y relajante.

Para que se habitúe más a la hora de dormir y la cumpla, añada más rutinas relajantes, como leerle un cuento antes de dormir o cantarle una canción tranquilizadora y relajante. Para que se relaje aún más, dele una manta reconfortante o deje su juguete favorito a su lado. Con un elemento de seguridad cerca, como su juguete favorito, seguramente se dormirá más rápido.

Errores que debe evitar al establecer un horario de sueño para su hijo pequeño

Como padre, es normal que se confunda durante el proceso de entrenamiento del sueño. Esto es especialmente importante, si tiene un niño pequeño que se resiste y que es bastante difícil de entrenar cuando se trata de cumplir con un horario de sueño consistente. Para suavizar un poco el proceso, aquí están los errores cometidos por otros padres al establecer un horario de sueño para sus hijos:

• *Cambiar las rutinas de vez en cuando:* Acepte que para lograr que el entrenamiento del sueño de su niño pequeño sea un gran éxito, debe ser muy consistente con las rutinas para dormir y para la siesta que está tratando de establecer. Con eso en mente, tiene que evitar cambiar las rutinas que ya ha establecido de vez en cuando.

Nunca haga algo parecido a una prueba de ensayo y error a la hora de incentivar a su hijo a cumplir con sus rutinas a la hora de dormir. Porque al hacerlo solo conseguirá confundir a su hijo, lo que hará aún más difícil y desafiante entrenarle para que duerma de forma independiente. Una vez que haya establecido una rutina, aténgase a ella y sígala con constancia.

• *No poner atención a las señales de su hijo:* Al igual que lo que se ha indicado en uno de los consejos mencionados para establecer un horario de sueño, debe estar atento a las señales de su hijo. Intente establecer rutinas y un horario de sueño basado en dichas señales.

Nunca cometa el error de establecer una rutina basada en lo que solo se ajusta a su horario. Si lo hace, privará a su hijo de dormir cuando ya envíe señales de adormecimiento antes de lo que usted había previsto, basándose en las rutinas que ha establecido.

• *Establecer rutinas demasiado largas antes de acostarse:* Decida de antemano la cantidad de tiempo que puede dedicar idealmente a la rutina nocturna de su hijo cada noche. No obstante, asegúrese de que no sea demasiado larga.

Tenga en cuenta que, si la rutina que hace seguir a su hijo cada noche dura más de una o dos horas, ponerlo a dormir será aún más difícil. Además, será difícil que ambos sigan la rutina con regularidad.

Intente que las rutinas para acostar a su hijo sean lo más cortas posible. Opte por aquéllas que sean solo lo suficientemente largas como para que se calme y se duerma rápidamente.

• *Ceder al deseo de su hijo de quedarse despierto hasta tarde:* Asegúrese de no cometer el error que otros padres cometen al ceder al deseo de sus hijos de quedarse despiertos hasta tarde. Puede ser que permita que su hijo juegue más tiempo porque siente que no ha tenido suficiente tiempo con él debido a su apretada agenda de trabajo.

El problema de dejar que se quede despierto hasta tarde y de no respetar su horario habitual de acostarse es que puede provocar que sufra de cansancio excesivo. Esto puede dar lugar a que esté de mal humor y se niegue a dormir a tiempo. También pueden darse cuenta de que es flexible, lo que puede causar problemas en el futuro.

Dicho esto, procure respetar el horario de sueño que ha establecido. Asegúrese de que la hora de acostarse es la adecuada para ambos, de modo que no tenga problemas para cumplirla.

• *No retirar todas las distracciones del dormitorio:* Si quiere tener verdadero éxito en el adiestramiento del sueño de su hijo pequeño, tiene que asegurarse de eliminar todas las distracciones de su dormitorio una vez que haya creado un horario de sueño y se comprometa a seguirlo.

Algunos padres creen que un lindo móvil, música tranquila y una bonita luz nocturna pueden contribuir en gran medida a que sus hijos se duerman rápidamente. Sin embargo, no siempre es así. Observe el comportamiento de su hijo.

En realidad, hay casos en los que estos artículos se convierten en distracciones, haciendo que los niños pequeños sigan despiertos, aunque ya haya pasado su hora de acostarse. Dicho esto, intente poner en práctica un horario y una rutina de sueño solo cuando el dormitorio de su hijo esté libre de distracciones.

- *Enviar señales y mensajes contradictorios acerca del lugar donde duerme su hijo:* Otro error que debe de evitar es hacer creer a su hijo que su dormitorio no es el único lugar donde puede dormir. Esto significa que no debe dejar que se suba a su cama varias veces a la semana, especialmente durante los momentos en los que se pone inquieto y malhumorado.

Recuerde que, si les permite pensar que puede compartir la cama con usted, esto podría causar problemas en su método de sueño y enviar un mensaje contradictorio a su hijo. Puede confundirlo y perturbar su sueño.

Para evitarlo, sea firme y hágale seguir pautas específicas sobre dónde debe dormir. Haga que cumpla con el horario del sueño que usted ha creado al tratar de poner fin a sus visitas nocturnas.

Solo asegúrese de explicarle suavemente las razones por las que debe quedarse a dormir en su dormitorio toda la noche. Implementar este horario de sueño sin falta durante un par de semanas seguramente ayudará a su hijo a dormir de forma independiente sin necesitar la ayuda de nadie, incluido usted.

- *No realizar ajustes graduales:* Recuerde que su hijo necesitará un poco de tiempo para acostumbrarse a las nuevas rutinas y horarios de sueño. Por ello, debe evitar esperar que se adapte de inmediato. No cometa el error de precipitar el proceso.

Hay que dejar que se adapte poco a poco. Comprenda que cambiar su horario de sueño de la noche a la mañana es imposible, así que lo que debe hacer es introducir pequeños cambios graduales. Realice ajustes—como, por ejemplo, incrementos de tiempo de quince minutos—en su horario de sueño hasta llegar a la hora específica que quiere que su hijo cumpla.

Evite estos siete errores y seguramente tendrá muchas posibilidades de hacer que su hijo se atenga a su horario de acostarse o de dormir ya establecido. De nuevo, sea coherente y firme cuando intente que siga las rutinas y el nuevo horario de sueño.

Realizar actividades similares todas las noches envía mensajes y señales a su cerebro de que ya es hora de dormir. Al establecer rutinas tranquilizadoras antes de acostarse y establecer un horario de sueño adecuado, su hijo podrá relajarse, lo que le permitirá dormir mejor y reducirá el riesgo de que se despierte en mitad de la noche.

Capítulo 10: El niño que crece: Cómo afrontar los cambios

Una cosa que debe recordar sobre los niños pequeños es que tienden a crecer rápidamente. Esto significa que sus hábitos de sueño también cambiarán probablemente en el futuro. ¿Cómo puede ayudar a su hijo a enfrentarse a los cambios que probablemente encontrará durante su crecimiento y desarrollo?

¿Cómo puede ayudarle a adaptarse a los distintos patrones de sueño y a las transiciones que necesita hacer? El último capítulo de este libro pretende encontrar la respuesta a estas preguntas, de forma que pueda guiar a su hijo a la hora de enfrentarse a todos los cambios que pueden resultarle confusos y alarmantes. Esto es especialmente cierto si el cambio implica separarse de sus padres en la transición a una cama más grande y a un nuevo dormitorio.

Ajustes en las distintas rutinas y hábitos de sueño

Dependiendo de la edad de su hijo, es posible que tenga que hacer constantes ajustes en sus rutinas y hábitos de sueño. No es necesario efectuar un cambio drástico. Lo mejor sería hacer cambios graduales, algo que su hijo no notará de inmediato, para evitar el drama y otras reacciones innecesarias y no deseadas.

Asegúrese de ajustar las rutinas de su hijo en crecimiento en función a su edad y a la cantidad específica de sueño que necesita en ese momento. Por ejemplo, alrededor de los seis meses, es necesario que el bebé cumpla con el número de horas de sueño diarias requeridas, que es de entre diez y once horas.

En este caso, hay que incorporar de dos a tres siestas durante el día, siendo las dos primeras de entre una hora y media y dos horas cada una. Entrene a su hijo para que duerma una siesta corta. A partir de los nueve meses, es de esperar que necesite entre diez y doce horas de sueño. Uno de los principales ajustes que deberá realizar durante esta época es eliminar la alimentación nocturna.

Es necesario que se centre en el destete completo y en la alimentación con alimentos sólidos, para que deje de necesitar la alimentación nocturna. A esta edad, dos siestas—de una hora y media a dos horas cada una—durante el día serán suficientes. Asegúrese de no establecer horarios para la siesta antes de las 3:30 o 4:30 de la tarde.

Asegúrese de introducir el hábito de la siesta después de la comida para que se despierte a las 3:00 p.m. De este modo, podrá darle suficientes actividades justo después de la siesta, lo que gastará toda su energía y hará que esté totalmente preparado para ir a la cama alrededor de las 7:00 a 9:00 de la noche.

Debe intentar introducir en su hijo buenos hábitos de sueño, aunque sean solo mínimos, antes de que cumpla un año. De esta manera, hacer ajustes importantes en relación con su sueño será mucho más fácil en el futuro.

Recuerde que una vez que entran en la primera infancia, inculcar nuevos hábitos y rutinas será mucho más difícil. Esto se debe a que lo más probable es que se resistan a los nuevos cambios, por lo que entrenarlos para que sigan incluso pequeñas rutinas a la hora de dormir con anterioridad puede ayudarle.

Rutinas para niños de uno a dos años

Al llegar al año de edad, es de esperar que su hijo sea más activo. También se mostrará más renuente y lo más probable es que quiera hacer las cosas a su manera, por lo que será un poco más difícil dejar que se adapte a los cambios de sueño. Durante esta edad, un consejo sería asegurarse de que duerman constantemente entre diez y doce horas, incluyendo dos siestas de una a dos horas de duración cada una.

Al año y medio, necesitará dormir entre once y doce horas cada noche. También es el momento en el que usted y su hijo tendrán que ajustar sus horarios de siesta, ya que se reducirá a solo una durante el día. Para que sea más fácil de cumplir, establezca esta única siesta alrededor de la hora de la comida, permitiendo que dure entre una hora y media y dos horas.

En cuanto a la hora de acostarse, asegúrese de establecer un horario coherente para dormir y despertarse. Así no le costará adaptarse a la rutina. Tenga en cuenta que su hijo puede sobrevivir sin problemas a cualquier cambio importante a la hora de acostarse y a las rutinas de sueño si establece una hora fija para acostarse.

Además, intente que la hora de acostarse sea la adecuada. Ayúdele a dormir a tiempo y evite que haga cosas divertidas y excitantes que solo pueden aumentar su energía, como los juegos al aire libre. También ayudaría que deje de darle bocadillos, bebidas y comidas azucaradas treinta minutos antes de la hora de acostarse.

Además, conviene que su cena consista en alimentos que contengan carbohidratos, como cereales, arroz y/o pan. Deje también que tomen leche a la hora de la cena. Estos alimentos pueden estimular la producción de melatonina, una hormona necesaria para el sueño. Si ya le permite a su hijo pasar un poco de tiempo frente a la televisión, no lo haga cerca de la hora de acostarse.

Esto implica apagar el televisor, los demás aparatos y las pantallas una hora antes de su hora de dormir. Usted puede hacer que se habitúe a la hora de acostarse realizando los siguientes pasos durante ese período:

- Lavarse los dientes.
- Cambiar el pañal por uno nuevo y limpio.
- Encender una luz nocturna: Así evitará que se sientan muy molestos si se despiertan y se dan cuenta de que están solos en la oscuridad. Absténgase de usar luces azules y elija luces nocturnas rojas y amarillas.
- Meterlo a la cama cuando aún está despierto, pero ya está somnoliento.
- Dejar que se relaje leyendo un cuento

Con todas estas rutinas establecidas, la adaptación a los nuevos hábitos de sueño basados en su edad será manejable.

La transición hacia una cama nueva y grande

Algunos padres coinciden en que el mejor momento para empezar a dejar que sus hijos pasen a una cama nueva y más grande es entre el año y los dos años de edad. Usted también puede hacer lo mismo con su hijo, pero debe asegurarse de que se sienta seguro y protegido, aunque ya no comparta la misma cama ni el mismo dormitorio con él. Es de esperar que haya resistencia durante la transición, ya que se trata de un cambio enorme por el que tiene que pasar su hijo, pero puede gestionar este reto con estos sencillos consejos:

Determine primero si está preparado

Es difícil resistirse a la tentación de hacer que su hijo pequeño se cambie de cama y de habitación en cuanto cumpla uno o dos años. Sin embargo, evite hacerlo de inmediato sin analizar el nivel de preparación de su hijo, porque no todos los niños pequeños están preparados para dar el salto incluso cuando llegan a esa edad.

Incluso hay algunos que solo parecen estar preparados cuando se acercan a los tres años. Esto se debe principalmente a que los niños pequeños están muy apegados a usted, a su cuna y a sus asociaciones de sueño. Esas cosas les hacen sentirse seguros y protegidos cuando llega la hora de irse a la cama. Teniendo en cuenta estas consideraciones, evite precipitar el proceso.

El momento perfecto para hacer la transición a un nuevo dormitorio es cuando comience a notar que lo pide. Si es posible, espere a que muestren señales de que están preparados antes de dar el gran salto. También puede hablar con ellos poco a poco. Explíquele lo bueno que será para él tener su propia cama y su propia habitación, donde tendrá libertad e independencia. Asegúrese de que su hijo nunca piense en su habitación como un área de castigo, ya que esta conexión negativa perturbará sus intentos de enseñar a su hijo a irse a la cama tranquilamente en su habitación. Si necesita una zona de castigo, sitúela lejos de su dormitorio para que sea un lugar seguro para el niño desde el punto de vista psicológico.

Elija la cama infantil adecuada

Asegúrese de ser muy prudente a la hora de elegir la cama de su hijo. Seguro que le entusiasma hacer la transición si descubre lo estupenda que es su cama individual. En este caso, tiene un par de opciones, incluyendo una cama para niños pequeños que se asemeja a una versión más pequeña de una cama gemela.

Puede optar por una que tenga la forma de un camión de bomberos, un castillo de princesa o un coche de carreras. Su objetivo es buscar un concepto y un estilo que a su hijo pequeño le encanten, para que se sienta atraído por él.

Otra opción es una cama gemela con barandillas de seguridad equipadas. Las dos son grandes opciones, así que puede elegir una en función de su presupuesto, la cantidad de espacio en el dormitorio de su hijo y su temperamento. Elija también una cama robusta y duradera. Recuerde que es para un niño que seguramente rodará, saltará, rebotará, se sacudirá y hará otras cosas divertidas y emocionantes.

Necesita buscar una cama capaz de soportar el uso y el abuso diario de la mayoría de los niños pequeños. Asegúrese de que la cama esté a poca altura del suelo y tenga barandillas de seguridad. Es necesario evitar que su hijo se lesione por una caída accidental. También puede entrar y salir fácilmente de la cama infantil si está a poca altura del suelo.

Permita que su hijo participe en el proceso

Esto significa que debe hacer que participe en la transición. Por ejemplo, puede hacer que elija el diseño de su cama infantil, para provocar su entusiasmo y animarle a mudarse a su nueva habitación. Permita que escoja también la ropa de cama y las sábanas. Además, es conveniente motivarle para que personalice su nueva habitación y su cama. Si tiene un presupuesto limitado, solo debe ofrecerle las alternativas que se pueda permitir.

La personalización de la habitación se puede conseguir colocando sus juguetes y peluches favoritos en función de sus deseos. Tanto si decide optar por una cama gemela como por una cama infantil, procure que su hijo participe en el proceso de selección.

Refuerce las nuevas reglas de la hora de dormir

Si ha logrado que su hijo acceda a dormir en una nueva habitación o cama, es muy probable que le encante su nueva libertad e independencia. Esto puede hacer que le resulte difícil resistirse a explorar y deambular por su nuevo entorno. Sin embargo, no es una buena idea, especialmente si tienden a explorar a una hora muy cerca a la hora de acostarse.

Teniendo esto en cuenta, hay que reforzar las nuevas normas a la hora de acostarse para minimizar su necesidad de explorar. Una de las normas que puede establecer es programar una última visita o una solicitud sobre su juguete favorito, agua o un viaje al baño antes de meterlo en la cama. Sea firme y hágale entender lo importante que es seguir las nuevas reglas.

Una casa a prueba de niños

Cuando su hijo tenga que hacer la transición a una nueva cama y habitación, tendrá que empezar a reevaluar los métodos de seguridad infantil que haya establecido. Antes de hacer el traslado, averigüe si necesita establecer otras medidas de seguridad y precaución que garanticen la seguridad de su hijo pequeño en caso de que acabe aventurándose por la noche.

Un consejo es utilizar puertas de seguridad para bloquear todas las escaleras. Asegúrese de cerrar las ventanas y todas las puertas que dan al exterior. Además, debe asegurarse de que no pueda llegar a las zonas donde guarda materiales nocivos, así como ciertos medicamentos y productos de limpieza. También puede colocar protectores en las tomas de corriente.

Poner a prueba su casa, y no solo el dormitorio de su hijo, es especialmente importante, sobre todo si es una persona a la que le gusta vagar y explorar. Es aún más importante si tiende a caminar dormido, lo que le hace más propenso a lesionarse.

Coloque sus nuevas cosas en los lugares adecuados

Tenga en cuenta que ser coherente es muy necesario cuando se trata de introducir nuevos cambios. Lo mismo ocurre cuando se trabaja con niños pequeños. Teniendo esto en cuenta, es necesario colocar su cama y otras cosas importantes en su habitación de forma adecuada. En la medida de lo posible, coloque su nueva cama en el mismo lugar en el que estaba su cuna.

Tenga en cuenta que algunos niños pequeños se estresan demasiado cuando ven que cambia de sitio todo lo relacionado con ellos, así que intente ser coherente. También debe intentar organizar y decorar su habitación de forma similar a la que estaba acostumbrado. Observe la personalidad de su hijo, ya que esto le ayudará a juzgar la mejor manera de hacer la transición y colocar sus cosas.

Empatice

Otra cosa que tiene que hacer como padre es empatizar con su hijo. Tome en cuenta que todo cambio es difícil. Incluso a los adultos les cuesta aceptar un cambio repentino, así que prevea que su hijo pequeño se sienta estresado y presionado durante todo el proceso. Es posible que se vuelva demasiado pegajoso, que llore incesantemente o que se resista durante la adaptación. Puede manejar esto mostrando empatía.

Hágale saber lo mucho que entiende cómo se siente y cuán difícil es la transición para él. También puede contarle lo que usted sintió cuando tenía su edad y finalmente se cambió de cama. Su objetivo es hacerle entender que alguien comprende su situación. Además, asegúrele que siempre estará a su lado para guiarle en su adaptación. Así, no se asustará demasiado con los nuevos cambios.

Cómo afrontar los cambios repentinos en el horario de sueño de un niño en edad preescolar

Otro ajuste importante por el que tendrá que pasar su hijo es cuando esté en edad escolar. Es posible que se sientan muy emocionados por este hito, pero también podría significar cambios repentinos en su horario de sueño que afectarán en gran medida su estilo de vida.

Por ejemplo, sus horas de siesta pueden verse afectadas. La mayoría de los niños de entre tres y cinco años necesitan dormir entre once y trece horas cada noche. Además, la mayoría de estos niños en edad preescolar tienen horarios de siesta establecidos durante el día. Estas siestas suelen oscilar entre una y dos horas. Es de esperar que estos niños cesen de tomar siestas al llegar a los cinco años.

Hay que recordar que cada preescolar es diferente. Mientras que algunos se adhieren a las rutinas de siesta a las que se acostumbran, otros se niegan a dormir la siesta una vez que se convierten en preescolares. Si su hijo es de los que se niegan a dormir la siesta, no tiene de qué preocuparse.

La técnica consiste en mantener la calma y la constancia. Además, establezca como objetivo que duerma un mínimo de once horas cada noche. De este modo, no tendrá que preocuparse demasiado si abandona la siesta durante el día. Solo tiene que asegurarse de que reemplaza esa siesta por periodos de descanso o actividades relajantes, como la lectura.

Otra cosa que hay que tener en cuenta es que, una vez que su hijo entra en el preescolar, puede sentirse muy cansado al llegar a casa. Esto se debe a las actividades y rutinas escolares, sobre todo si acaba de empezar a participar en ellas. Dicho esto, debería tratar de hacer ajustes en sus rutinas, sobre todo en las que tienen que ver con el sueño.

De este modo, recuperará la energía perdida y se despertará renovado para afrontar el día. Los siguientes consejos facilitarán la adaptación de su hijo a su nueva vida de preescolar:

• *Establezca una hora fija para dormir:* Intente evitar que se acueste demasiado pronto. Su objetivo es que se habitúe a dormirse treinta minutos después de que usted lo acueste. Una vez que comience la etapa preescolar, puedes programar su hora de acostarse un poco más tarde para que lo consiga. Puede fijarla a las 8:00 o 9:00 de la noche para que le resulte mucho más fácil acostarse.

• *Establezca restricciones y límites a la hora de dormir:* Por ejemplo, si ya le ha dicho que solo le leerá un cuento, asegúrese de cumplirlo. No ceda nunca; de lo contrario, le resultará más difícil educarlo.

• *Reserve un tiempo de relajación y tranquilidad antes de su horario para dormir:* Su objetivo aquí es ayudar a su hijo a calmarse y relajarse antes de la hora de acostarse. Intente reservar un tiempo de tranquilidad con él, que dure entre 30 y 45 minutos. Las actividades que puede incorporar aquí son contar cuentos, jugar tranquilamente, colorear, hacer rompecabezas, vestirse para ir a la cama, apagar la luz y mantenerse alejado de las pantallas y la televisión una hora antes de acostarse.

• *Ofrezca recompensas:* Una de las formas más eficaces de reforzar un nuevo hábito y hacer que su hijo se adapte a las nuevas rutinas es ofrecer recompensas. Si consigue quedarse en la cama y dormir a tiempo, puede recompensarle. Esto les motivará a mantener los hábitos, promoviendo una adaptación más rápida.

El entrenamiento del sueño puede ser un gran reto, sobre todo si su hijo tiene que enfrentarse a un cambio importante que le obligue a realizar un ajuste repentino y enorme de sus rutinas habituales. Puede ayudarlo haciéndole saber que siempre estará a su lado.

Recuerde que uno de los secretos para gestionar cualquier transición y un cambio importante en los hábitos de sueño y las rutinas de su hijo es su paciencia. Sea paciente y prepárese para la resistencia de su hijo.

Trate a su hijo con calma y asegúrele constantemente que sigue estando a su lado, aunque ya esté en una nueva habitación y cama. Con el tiempo, se acostumbrará a las rutinas y hará los ajustes necesarios.

Conclusión

Ahora que usted ha terminado de leer este libro, está armado con toda la información necesaria para el entrenamiento exitoso del sueño para niños pequeños. Utilice todas las sugerencias mencionadas como guía, y seguramente eliminará la mayoría, si no todos, los problemas que podrían impedir que su niño pequeño obtenga su tan necesario descanso.

Puede modificar un poco los consejos en función de su situación particular y de la personalidad y los comportamientos distintivos de su hijo. Tenga en cuenta que no puede esperar que todos los niños sean iguales, por lo que sus respuestas también pueden ser diferentes. Dicho esto, elija aquellos consejos, estrategias y trucos que le garanticen que su hijo tendrá por fin un sueño sano y de mejor calidad.

Además, estará agradecido si tiene éxito con el entrenamiento del sueño, ya que esto también significará un mayor y mejor sueño para usted y su familia.

Vea más libros escritos por Meryl Kaufman

www.ingramcontent.com/pod-product-compliance
Lightning Source LLC
Chambersburg PA
CBHW071901090426
42811CB00004B/695